T0098738

LA PART D'OMBRE

Stéphane Audoin-Rouzeau

LA PART D'OMBRE

Le risque oublié de la guerre

Dialogues avec Hervé Mazurel

Paris
Les Belles Lettres
2023

© *2023, Société d'édition Les Belles Lettres
95, bd Raspail, 75006 Paris
www.lesbelleslettres.com*

ISBN : 978-2-251-45402-3

AVANT-PROPOS

C'est en grande partie pour *dire la guerre* – la guerre des Grecs contre l'Empire perse, au début du Ve siècle – qu'en Occident tout au moins, le genre de récit apparu sous la plume d'Hérodote a pris le nom d'« histoire » au sens où nous l'entendons aujourd'hui encore. S'arrachant lentement à l'épopée et au légendaire qui entourait le récit homérique de la guerre de Troie, cette histoire-là était alors ouverte à bien d'autres possibles, que l'on dirait aujourd'hui d'ordre ethnographique et géographique. Un siècle plus tard, avec Thucydide et sa *Guerre du Péloponnèse*, le genre historique noua plus que jamais un *pacte* avec la guerre, mais aux prix d'une concentration presque exclusive sur ses aspects politiques et militaires[1].

Insistons sur ce lien généalogique entre l'activité guerrière et la naissance de la discipline historique : en raison peut-être de la surdétermination que suscite tout *commencement*, cette raison d'être initiale de l'histoire ne s'est jamais tout à fait effacée. Être historien

---

1. François Hartog, *L'histoire d'Homère à Augustin*, Paris, Seuil, 1999.

de la guerre, aujourd'hui encore, c'est s'inscrire dans une filiation intellectuelle, narrative et littéraire vieille de 2 500 ans. Cela ne signifie pas que cette filiation ne soit pas aujourd'hui récusée, ou qu'elle ne doive pas l'être, bien au contraire – car les traditions s'inventent, en vérité[2].

Cependant, n'attendons pas ici une longue présentation de l'historiographie du fait guerrier, depuis l'Antiquité jusqu'à nos jours. Celle-ci excéderait largement l'ambition de cet avant-propos, destiné à une simple mise en perspective du dialogue que l'on va lire. Résumons en disant simplement que pèsent sur la très longue tradition historienne du récit de guerre une série de tropismes assez pesants, tropismes qu'il s'agit d'identifier claire-ment si l'on espère s'en déprendre.

L'accent mis de longue date sur la causalité des guerres en est un, assurément. Il participe de la vieille obsession historienne pour l'*origine*[3]. Qu'on songe un instant aux centaines de livres portant sur les causes de la Première Guerre mondiale : tout se passe ici comme si l'on quêtait, dans son seul commen-cement, l'essence même ou la vérité de l'événement, en oubliant cet avertissement de François Furet : « Plus un événement est lourd de conséquences, moins il est possible de le penser à partir de ses causes[4]. »

---

2. Eric Hobsbawm, Terence Ranger (dir.), *The Invention of Tradition*, Cambridge, Cambridge University Press, 1983.

3. Sur cette « chimère de l'origine » : Foucault Michel, « Nietzsche, la généalogie, l'histoire », in *Dits et écrits* [1971], Paris, Gallimard, t. 1, 2001, p. 1008.

4. François Furet, *Le Passé d'une illusion*, Paris, Robert Laffont/ Calmann-Lévy, p. 49.

Autre tropisme gênant : la dimension trop exclusivement politique de ce qui peut se jouer dans l'activité guerrière. Machiavel, le premier, avait perçu cette nature fondamentalement politique de la guerre ; trois siècles plus tard, un général prussien de la période napoléonienne – Carl von Clausewitz – qui avait commandé et combattu dans quelques-unes des plus grandes batailles de son temps (mais qui ne consacre à l'expérience de la mort, de la peur et du danger qu'une seule page, magistrale il est vrai...), inventa la fameuse « Formule » sur « la guerre comme continuation de la politique par d'autres moyens ». Certes, cette lecture de l'activité guerrière nous inspire encore. Pour autant, si la guerre constitue bel et bien un acte politique, elle ne peut s'y résumer.

À ce tropisme politique s'en ajoute un autre, lié à la fascination qu'exerce la bataille sur l'historiographie de la guerre, depuis ses origines jusqu'à nos jours. Nul doute, bien sûr, que la bataille constitue un objet digne du plus haut intérêt, au titre de moment paroxysmique de l'activité guerrière, à condition toutefois d'accepter de ne pas la regarder de trop haut, ou de trop loin. C'est précisément ce surplomb ou cette distance à l'objet qui a caractérisé des siècles d'historiographie guerrière, non sans permettre – *faciliter* serait plus juste – une lecture héroïsante des affrontements et une idéalisation des chefs qui les avaient conduits.

De longue, de très longue date, les pratiques de violence se sont vues délaissées : celles qui se déploient sur les champs de bataille comme celles dont sont victimes les populations désarmées. Oui, ce qui fait défaut à toute une longue tradition d'histoire de la guerre – et donc, souvent, à toute une histoire de la guerre « traditionnelle » telle qu'elle s'énonce parfois aujourd'hui encore –, c'est la *présence* de ceux qui combattent, tout comme de ceux qui ne combattent pas[5]. Manquent leurs corps, leur psyché, leurs gestuelles, leur manière de se conduire et d'agir dans l'univers de violence produit par ce temps spécifique, irréductible à tout autre, que crée inéluctablement le fait guerrier.

Sans doute est-ce John Keegan, qui, dans un maître livre des années 1970, a le premier réussi à subvertir entièrement le récit traditionnel de ce moment paroxysmique de la guerre que constitue la bataille. Dans *The Face of Battle*, trois batailles se voient mises en tension : Azincourt (1415), Waterloo (1815), la Somme (1916). Celles-ci se trouvent impitoyablement déconstruites : le récit linéaire de l'événement – factice, en fait, car loin des acteurs sociaux – disparaît. La visée héroïque s'efface. Le résultat de l'affrontement passe lui-même à l'arrière-plan : ce sont les modalités de la violence – type d'arme contre type d'arme (infanterie contre cavalerie, cavalerie contre artillerie, artillerie contre infanterie, etc.), ou encore, si l'on préfère, type de combattants contre type de combattants – qui occupent, presque exclusivement, le champ[6]. Ce changement de paradigme suppose aussi un changement de focale, au profit d'une guerre envisagée au ras du sol, au plus près des expériences

---

5. Stéphane Audoin-Rouzeau, *Combattre. Une anthropologie historique de la guerre moderne (XIXe-XXIe siècle)*, Paris, Seuil, 2008.

6. John Keegan, *Anatomie de la bataille. Azincourt 1415, Waterloo 1815, la Somme 1916* [1976], Paris, Robert Laffont, 1993.

combattantes. Les gestuelles, les pratiques de cruauté, les affects si puissants véhiculés par la guerre et sa violence conquièrent tout l'espace du récit. Et les effets de connaissance, les effets d'intelligibilité de ce qui se joue, ou peut se jouer, dans la violence guerrière, sont alors considérables. La rupture, de fait, est d'ordre épistémologique : sous le regard de Keegan, la guerre, comme il le dit lui-même, devient un « acte culturel[7] ». Le dialogue qui va suivre en porte la marque.

Pour autant, un tel saut historiographique est lui-même inséparable du processus de totalisation de la guerre caractéristique de notre « contemporain », et qui a tant contribué à fonder la dimension tragique de notre temps. Les mutations successives de la guerre lors des deux derniers siècles – la guerre est un « caméléon », disait Clausewitz avec justesse – ont permis à l'activité guerrière de pousser de plus en plus profondément ses racines dans le tissu économique et social des sociétés belligérantes. Les réflexions que l'on va lire sont issues de cette configuration nouvelle, massivement meurtrière, et dont nous sommes, que nous le voulions ou non, en historiens ou non, des héritiers.

Tout le monde, il est vrai, ne s'entend pas sur ce qu'on appelle la « guerre moderne ». Pas davantage d'ailleurs sur l'acte de naissance de la « guerre totale »[8].

---

7. Id., *Histoire de la guerre du néolithique à la guerre du Golfe*, Paris, Dagorno, 1996, p. 32.

8. Voir Bruno Cabanes (dir.), Thomas Dodman, Hervé Mazurel, Gene Tempest (coord.), *Une histoire de la guerre (XIXᵉ-XXᵉ siècles)*, Paris, Seuil, 2018, p. 7-36.

Rappelons d'abord combien l'imaginaire et la pratique de la guerre sont sortis profondément transformés des conflits qui embrasèrent l'Europe entre 1792 et 1815. On doit aux guerres révolutionnaires et impériales d'avoir esquissé ce processus de totalisation de la guerre qui travailla, très en profondeur, le continent européen jusqu'au cœur du XXe siècle[9]. L'avènement des guerres nationales avec la Révolution française et la relégation des conflits dynastiques d'Ancien Régime ont généré une intégration croissante des sociétés européennes dans la dynamique guerrière, tant sur le plan de la mobilisation économique et militaire que sur celui de l'embrigadement des esprits et des cœurs. La naissance du citoyen-soldat et la progressive généralisation de la conscription à partir de 1798 en Europe occidentale – Grande-Bretagne exclue – lièrent plus étroitement qu'autrefois les destinées du front et de l'arrière. Tandis que s'effaçaient les traditionnelles saisons réservées à la guerre, la taille des armées et l'ampleur des batailles ne cessaient de croître, faisant peser un risque accru sur les populations civiles.

Mue par une surenchère constante, la nation se devait à présent de tout drainer pour les besoins de la guerre, d'engager l'ensemble de ses ressources physiques, morales et affectives pour la victoire finale.

---

9. À ce sujet, voir les débats qui ont accompagné la publication du livre de David A. Bell, *The First Total War: Napoleon's Europe and the Birth of Modern Warfare*, Londres, Bloomsbury Publishing, 2007. Notamment : Jean-Yves Guiomar, *L'Invention de la guerre totale, XVIIIe-XXe siècle*, Paris, Félin, 2004 ; David Bell, Annie Crépin, Hervé Drevillon, Olivier Forcade, Bernard Gainot, « Autour de la guerre totale », *Annales historiques de la Révolution française*, 4/366, 2011, p. 153-170.

Comme en témoigne, dans la France révolutionnaire, la fameuse « levée en masse » de 1793. Hommes mûrs, femmes et enfants étaient censés se voir réquisitionnés pour des tâches matérielles, tandis que les vieillards se devaient, en place publique, d'exhorter les jeunes au combat. Par là, la guerre s'affirmait bel et bien comme paroxysme de l'existence nationale. Elle ne concernait plus les seules franges des sociétés désignées pour porter les armes, mais intégrait dans l'épreuve, à grand renfort de propagande, la société tout entière.

Fait des plus notables : avec l'âge démocratique, la guerre devint hyperbolique (Raymond Aron). Des guerres d'une intensité et d'une teneur idéologique inédites ont surgi, incitant bien plus qu'autrefois à la destruction systématique de l'ennemi. De là vient au demeurant la longue fortune du slogan « La Liberté ou la mort » (on l'écrivait avec une majuscule en ce temps là), inventé par les révolutionnaires français et appelé à devenir l'étendard de maintes autres guerres nationales et révolutionnaires des XIXᵉ et XXᵉ siècles.

Jadis, la soldatesque des armées d'Ancien Régime, à dominante mercenaire, investissait peu le sens des combats. Désormais, les soldats-citoyens intériorisent les buts de guerre. Une image nouvelle et valorisée du métier des armes émerge, qui fait du baptême de feu un rite de passage à l'âge d'homme, longtemps recherché pour lui-même. Et ce modèle militaro-viril d'imprégner très en profondeur l'idéal masculin jusqu'au mitan du siècle suivant. C'est lui, par exemple, qu'on retrouve logé au cœur du culte généralisé des engagés volontaires au XIXᵉ siècle, de ceux qui ne subissent pas la guerre mais la précèdent pour défendre, jusque dans la mort, idées et valeurs. De cette célébration du soldat procède aussi la sacralisation des morts au champ d'honneur, dont témoignent tant de cimetières militaires et de monuments aux morts à travers le continent.

On le comprend, tout ce sacré régénérateur autour de l'expérience du feu affecta pour longtemps l'activité guerrière occidentale. Il imprégna tout autant, au XIXᵉ siècle, les guerres nationales et interétatiques sur le continent européen, telle la guerre franco-prussienne de 1870, que les guerres civiles elles-mêmes, au premier rang desquelles la guerre de Sécession aux États-Unis (1861-1865), qui marque une étape importante dans le long processus de totalisation de l'activité guerrière. Sans oublier les guerres lointaines et coloniales, si nombreuses en ce siècle, que menèrent les puissances européennes en Afrique, en Asie, aux Amériques et jusque dans le Pacifique Sud : le motif de la guerre belle et glorieuse, source de gloire et d'aventures, y est des plus prégnants[10]. Or, à suivre George Mosse, de ce « mythe de guerre » lui-même (avant qu'il ne s'efface après 1945) aurait d'ailleurs découlé une propension évidente des sociétés d'Occident à la déréalisation de la violence guerrière et, par conséquent, à une mémoire déformée des combats[11]. Et ce, précisons-le, jusque dans l'historiographie de la guerre elle-même.

---

10. Hervé Mazurel, « Enthousiasmes militaires et paroxysmes guerriers (1792-1880) », *in* Alain Corbin, Jean-Jacques Courtine, Georges Vigarello (dir.), *Histoire des émotions*, Paris, Seuil, t. 2, 2016, p. 227-256.

11. George L. Mosse, *Fallen Soldiers: Reshaping the Memory of the World's Wars*, New York, Oxford University Press, 1990 et *The Image of the Man. The Creation of Modern Masculinity*, New York, Oxford University Press, 1996.

Reste qu'avec les progrès décisifs de l'armement occidental à la fin du XIXe siècle (poudre sans fumée, efficacité décuplée des balles et des obus, domination du champ de bataille par l'artillerie et, accessoirement, par les mitrailleuses), un phénomène entièrement nouveau fait son apparition dès la guerre russo-japonaise (en particulier à l'occasion de la bataille de Moukden en février-mars 1905) : la *bataille continue*, dont la Grande Guerre, à partir de l'automne 1914 et jusqu'à l'été 1918, a constitué une illustration à la fois radicale et sanglante. Dans cette configuration nouvelle, la défensive l'emporte sur l'offensive ; nulle percée ne peut durablement entamer le front adverse constitué de lignes de tranchées successives. Aucune rupture stratégique n'est possible car, pour rompre durablement le front adverse, il faudrait pouvoir faire avancer l'artillerie en soutien des troupes d'assaut : tâche impossible, puisque la destruction du terrain par l'artillerie elle-même empêche toute progression de celle-ci vers l'avant. En outre, même en cas de percée limitée, l'apport de renforts par trains et par camions se montre toujours plus rapide que l'avancée d'attaquants dont le rythme de pénétration ne peut que se ralentir, inexorablement : aucune brèche durable n'est donc possible. Dès lors, jusqu'aux basculements démographiques (l'apport américain) et technologiques (le couple char-avion) de l'extrême fin de la guerre, les offensives de part et d'autre se traduisent par des affrontements sanglants, interminables, sans résultat stratégique aucun : au cours de l'année 1916 en particulier, les immenses affrontements de Verdun et de la Somme signent, des mois durant et au prix de pertes effroyables, l'impasse de la guerre pour les belligérants.

Dès lors, les « batailles » n'ont plus que leur nom
en commun avec les affrontements du passé, ceux
de l'époque moderne en particulier, ou de la période
napoléonienne : la « bataille » de Verdun dure
une dizaine de mois ; celle de la Somme, quatre mois
et demi, sur des fronts s'étendant sur des dizaines de
kilomètres : le « modèle occidental de la guerre[12] »,
centré sur un affrontement très violent mais très bref,
semble avoir définitivement vécu. Parallèlement, si ce
sont les forces militaires qui acquittent le poids le plus
lourd d'une guerre en cours de totalisation, les civils
tendent dès l'année 14 à devenir une cible légitime :
les atrocités de masse lors de l'invasion allemande, tout
comme les bombardements urbains, le montrent. Mais
aussi la prégnance d'un projet d'ingénierie sociale qui
conduit à l'extermination des Arméniens de l'Empire
ottoman en 1915-1916.

Le basculement complet entre pertes civiles et pertes
militaires (les premières devenant infiniment plus
nombreuses que les secondes) n'intervient toutefois
qu'avec le second conflit mondial : ce sont désormais
les populations désarmées (à commencer par les Juifs
d'Europe exterminés) qui acquittent la plus grande part
du prix de la guerre. Les bombardements stratégiques
sur les villes de l'adversaire, puis le bombardement
atomique du Japon à l'été 1945, signale le fait que
la totalité de la population adverse, même désarmée,
incarne décidément la figure de l'*ennemi*. Mieux : elle
est devenue la vraie cible de la guerre.

---

12. Cf. Victor Davis Hanson, *Le Modèle occidental de la guerre*, Paris,
Les Belles Lettres, 1990.

Lors du « second » XXe siècle, l'équilibre de la terreur instauré par la guerre froide d'une part, par la construction européenne de l'autre, l'effondrement de l'Empire soviétique enfin lors des années 1989-1991, ont paru signer la fin de toute activité guerrière au sein même de l'espace européen. La guerre a même été maintenue à bonne distance de l'ensemble du théâtre occidental, avec les conflits dont Occidentaux et Européens ont été pourtant parties prenantes : guerres de décolonisation, Corée, Vietnam, conflits du Proche et Moyen-Orient, Afghanistan... À la fin du XXe siècle, les « opérations extérieures » – opérations de maintien de la paix le plus souvent – semblaient destinées à occuper toute la place dans l'agenda des armées européennes. Pourtant, la guerre qui a présidé à l'éclatement de l'ex-Yougoslavie entre 1991 et 1995, avec le long siège de Sarajevo qui a semblé ramener l'Europe aux sources du siècle – au lieu même de l'attentat du 28 juin 1914 – signalait que la guerre n'avait pas tout à fait disparu de l'horizon d'attente des Européens eux-mêmes. Le conflit d'Ukraine en a apporté une tragique confirmation, en transformant de fond en comble la temporalité du XXe siècle telle qu'elle paraissait admise jusqu'à présent : le « court XXe siècle » encadré par le début de la Grande Guerre d'une part, achevé avec une défaite soviétique mettant fin sans combat à la guerre froide d'autre part, semble désormais démonétisé. De même que la séparation en usage dirimant un « premier XXe siècle » encadré par les deux conflits mondiaux, et nettement séparé d'un second commençant en 1945 et s'achevant avec la fin de la guerre froide. La temporalité généralement admise du tragique de notre contemporain a volé en éclats avec le retour de la *vraie* guerre – interétatique, symétrique et de haute intensité – en Europe même.

Précisément, c'est elle qui, à notre insu, est venue percuter le livre que l'on va découvrir. Imaginé avant la pandémie du Covid-19, il a été réalisé lors des deux années au cours desquelles celle-ci s'est déployée sur la quasi-totalité de la planète. Nous n'avons pas procédé par interviews, suivies de retranscriptions, mais exclusivement par mail, ce qui convenait bien aux contraintes des confinements successifs, tout en s'en tenant, en ce qui concerne les réponses aux questions posées, à la règle du « premier jet », afin de ne pas transformer en écrit universitaire la spontanéité attendue d'un dialogue.

Mais au moment où ce travail était achevé, nous le disions, la vraie guerre – encore en cours à l'heure où ces lignes sont écrites – est venue modifier de fond en comble le contexte de réception de ce dialogue.

L'ironie est amère : alors que la pandémie de Covid-19 avait été systématiquement rabattue sur la guerre, au moins initialement, par des pouvoirs politiques soucieux de donner sens à l'événement – et rabattue plus spécifiquement sur la Grande Guerre en France, tant celle-ci y constitue un référent essentiel et donc une ressource politique majeure en temps de crise –, une guerre véritable s'est déployée subitement sur le continent européen.

Son déclenchement a provoqué une stupeur profonde dans les sociétés occidentales, et dans la société française en particulier. Car depuis la fin de la guerre d'Algérie en 1962, le lien générationnel avec la guerre s'est défait, qui inscrivait l'éventualité d'un conflit extérieur à l'horizon d'attente de chaque génération ; puis, à la fin des années 1990, c'est le lien avec le port des armes et avec l'uniforme qui s'est rompu à son tour, au prix de la disparition de la figure du soldat-citoyen, si longtemps au cœur de la conception républicaine de la nation. À l'arrière-plan, le *trend* de la construction européenne semblait avoir réalisé, et de manière définitive, un vieux rêve eschatologique déjà présent chez les pacifistes libéraux du XIXe siècle, et renforcé par l'expérience atroce des deux conflits mondiaux : la fin du recours aux armes pour trancher les différends entre nations. Cette discutable parousie semblait enfin réalisée en Europe occidentale.

Peu d'acteurs ont su voir qu'elle s'adossait à une négation de la guerre, à la négation de l'éventualité de son déclenchement toujours possible dès lors que l'on sortait de l'espace à « haut niveau de pacification[13] » dessiné par les frontières de l'Union européenne. C'est ainsi qu'un étrange *déni de guerre* a caractérisé la période précédant l'attaque russe du 24 février 2022. Puis, le principe de réalité s'étant finalement imposé, ce déni ne s'est-il pas en partie reconstitué à travers l'espoir insensé que la guerre longue pourrait être évitée, grâce aux négociations immédiates entre belligérants ? Ensuite, la stupeur collective face aux multiples exactions de l'armée russe a signalé à quel point le réel de la guerre s'était éloigné de notre univers cognitif et sensible.

Le risque oublié de la guerre s'est donc rappelé à nous avec force, la violence inhérente au fait guerrier nous a sauté au visage. Du même coup, le dialogue que l'on va découvrir prend, sinon un sens, du moins une coloration différente de ce qu'il était à l'origine. L'évocation

---

13. Pour reprendre une expression de Norbert Elias.

que l'on y trouvera du tragique de notre contemporain n'y apparaît plus comme un passé révolu, et destiné à ne jamais revenir, mais bien comme un *présent*, sinon comme un futur envisageable, voire probable.

La part d'ombre de nos sociétés, si souvent soulignée dans le texte que l'on va découvrir, s'en trouve davantage mise en exergue. Elle en devient aussi, disons-le, nettement plus menaçante.

Stéphane Audoin-Rouzeau et Hervé Mazurel

*

Remerciements

Ce livre a bénéficié de relectures généreuses et de conseils avisés. En particulier de nos collègues et amis Clémentine Vidal-Naquet, Christian Ingrao, Manon Pignot et Emmanuel Saint-Fuscien. Qu'ils soient vivement remerciés ici de leur aide et de leur soutien chaleureux. Tout comme Elisabeth Dutartre, ingénieure de recherche au Cespra, dont l'expérience et les remarques nous furent précieuses au moment de finaliser le manuscrit. Merci beaucoup également à toute l'équipe de la maison d'édition, à Sara Egret notamment, pour leur accompagnement aux différentes étapes de la confection de l'ouvrage. Nous voudrions enfin exprimer notre plus profonde gratitude à Caroline Noirot, directrice des Belles Lettres, qui seule a rendu ce livre possible et qui, jour après jour, donne au métier d'éditeur sa plus belle définition.

I

L'ÉVIDENCE DE L'HISTOIRE ?

HM : Si vous semblez aujourd'hui plus circonspect qu'autrefois sur *ce que peut l'histoire*, il paraît y avoir eu dans votre jeunesse une sorte d'évidence de l'histoire. Diriez-vous, *a posteriori*, que votre destin d'historien était en quelque sorte tout tracé ? Avez-vous abandonné au passage d'autres rêves de jeunesse, d'autres métiers dans lesquels vous vous projetiez volontiers, enfant ou adolescent ?

SAR : Il me semble que très tôt, dès l'enfance ou en tout cas dès l'adolescence, j'ai eu envie d'enseigner, et d'enseigner l'histoire en particulier. Mais « être historien », je ne savais évidemment même pas ce que cela pouvait vouloir dire. Après mes études à Sciences-Po, où je n'ai pas fait grand-chose mais où l'histoire universitaire m'a fasciné, je me suis résolument inscrit à Nanterre pour *faire de l'histoire*, et j'ai poursuivi pour passer les concours d'enseignement. C'est pendant leur préparation que l'idée de m'engager dans une recherche en histoire s'est imposée, et je m'y suis tenu ensuite tout en commençant à enseigner dans le secondaire. Alors oui, dans mes vingt ans, j'étais très heureux « en histoire », comme enseignant et comme chercheur débutant sur la Première Guerre mondiale. Beaucoup trop. J'avais une confiance aveugle dans la discipline historique, une confiance poussée jusqu'à la naïveté – une naïveté d'ailleurs alimentée par une incroyable inculture dans les autres sciences sociales. Je pensais réellement que l'histoire permettait au fond de tout comprendre, de comprendre au moins l'essentiel. Le doute est venu plus tard, grandissant. Il ne me quitte plus, désormais.

HM : Je peine à imaginer cette candeur dont vous dites avoir longtemps fait preuve... S'il est bien une chose à laquelle vous ne cessez d'être attentif au fil de vos livres, c'est de ne jamais être dupe, de ne jamais faire preuve de naïveté, justement. On sent poindre en permanence chez vous cette crainte de n'avoir pas su *voir*. À quoi attribuez-vous cette naïveté d'antan ?

SAR : Mais, Hervé, vous ne pouvez imaginer à quel point votre génération sait plus de choses que la nôtre, au même âge ! Nous nous l'étions avoué un jour, avec Dominique Kalifa (dont je pleure la disparition tragique...), lors d'un colloque d'historiographie à Cerisy[1] : nous étions ainsi convenus qu'après l'agrégation, lui comme moi, « nous ne savions *rien* ». Ce sont ses mots, et ils sont parfaitement exacts. Alors, *ne*

---

1. Laurent Martin, Sylvain Venayre (dir.), *L'Histoire culturelle du contemporain*, actes du colloque de Cerisy, Paris, Nouveau Monde, 2005.

rien savoir constitue parfois un avantage pour ouvrir des champs nouveaux, à condition d'avoir un œil un tant soit peu acéré. Mais je vais vous dire une chose que, de nouveau, vous vous refuserez à croire : je reste handicapé par mon manque de connaissances dans tout un tas de domaines des sciences sociales, et je reste ébahi face à des collègues qui ne manquent jamais un livre, jamais un article, jamais un débat. En ce qui me concerne, j'arrive généralement après la bataille...

HM : Revenons à vos débuts. Comme historien, vous vous êtes formé à Sciences-Po, puis à Nanterre. Aux côtés notamment de Jean-Jacques Becker, votre directeur de thèse, lequel participait à l'époque, avec René Rémond (dont l'influence était majeure, forte du succès de son fameux ouvrage *Les Droites en France*), à la réhabilitation d'une histoire politique trop longtemps délaissée, à tout le moins minorée, par l'« École des Annales »[2]. Comment vous y inscriviez-vous alors ? Était-ce bien là l'histoire que vous vouliez pratiquer ?

SAR : Il faut ici que je vous dise nettement les choses, et ce n'est pas à mon honneur. Après Sciences-Po, dont je suis sorti en 1975, je voulais certes faire de l'histoire (les cours de Jean-Pierre Azéma, d'Antoine Prost, de Raoul Girardet m'avaient beaucoup marqué...), mais je vous le répète, je ne savais rien. Vraiment rien. Je

---

2. Cf. René Rémond (dir.), *Pour une histoire politique*, Paris, Seuil, 1996.

suis allé m'inscrire à Nanterre parce qu'habitant l'ouest de Paris, c'était le lieu « normal » : mais j'ignorais absolument ce qui m'y attendait. En histoire contemporaine, je me suis donc trouvé immergé dans cette école d'histoire politique qu'incarnait René Rémond – brillamment, il faut tout de même le rappeler –, avec autour de lui des noms comme René Girault pour les relations internationales, Philippe Vigier pour le XIXᵉ siècle, Serge Berstein, Jean-Jacques Becker bien sûr, et quelques historiens jeunes encore comme Robert Frank, Jean-François Sirinelli, Pascal Ory. Venant de Sciences-Po, je me suis senti parfaitement à mon aise. Beaucoup trop, là encore. Pour moi, ce qui se faisait alors à Nanterre, c'était cela, l'« Histoire » qu'il fallait faire. De l'« École des Annales[3] » (dont la mouvance historique nanterroise avait d'ailleurs très bien su faire son miel en intégrant par exemple le souci des « mentalités »), de ce qui s'expérimentait ailleurs (à l'EHESS naissante par exemple...), de ce qui se faisait hors de France, j'ignorais tout ; et je ne disposais nullement de la culture historique suffisante pour discerner les limites intrinsèques de cette histoire-là, sa fermeture sur le cas français, son peu de souci des autres sciences sociales (à commencer par l'anthropologie). Il me semble que c'est la Grande Guerre qui, à mon insu, m'a affranchi de tout cela : les grandes leçons dispensées par la rencontre avec la mort de masse, avec l'épreuve des corps immergés dans le combat, avec les œuvres et les objets du conflit, avec les champs de bataille, il

---

3. Voir notamment : André Burguière, L'*École des Annales. Une histoire intellectuelle*, Paris, Odile Jacob, 2006.

m'a bien fallu les recevoir, ou plutôt, il m'a bien fallu les apprendre. Avant la fin des années 1980, sans l'avoir décidé me semble-t-il, j'avais largué les amarres...

HM : Pourriez-vous nous parler de cette relation si forte nouée avec votre directeur de thèse ?

SAR : J'ai eu Jean-Jacques Becker comme professeur lorsque j'étais étudiant de licence à Nanterre, en 1975-1976 (une année qui fut amputée de près de moitié de sa durée par une grève aussi interminable qu'inutile...), et je l'ai retrouvé ensuite en DEA en 1980-1981, avant de devenir doctorant sous sa direction. Entre-temps, il était devenu professeur à l'université de Clermont-Ferrand, tout en ne manquant jamais les séances collectives de DEA à Nanterre que j'évoquais à l'instant. Je vais vous dire ce qui me frappait chez lui : son sens profond du *concret,* qui constitue à mes yeux une qualité éminente pour un historien (comme pour tout chercheur en sciences sociales, d'ailleurs...). Je veux parler du concret des situations, du concret du comportement des acteurs sociaux. Cet homme qui paraissait parfois un peu « indifférent » n'avait pas son pareil pour décrypter la complexité des êtres, de leurs choix dans une configuration historique donnée. Sans cette qualité, d'ailleurs, jamais il n'aurait pu mettre en lumière aussi bien qu'il l'a fait la profonde ambivalence des sentiments des Français à l'été 1914[4].

---

4. Jean-Jacques Becker, *1914. Comment les Français sont entrés dans la guerre. Contribution à l'étude de l'opinion publique printemps-été 1914*, Paris, Presses de la FNSP, 1977. Lecture à laquelle il faut associer : Bruno

HM : S'il vous fallait choisir, dans tout l'héritage de Jean-Jacques Becker, une idée, une notion ou une manière de faire qui a fait de vous l'historien que vous êtes ?

SAR : Il y a quelque chose que j'ai pu éprouver comme doctorant sous sa direction et dont j'ai tenté de m'inspirer une fois devenu à mon tour en situation de diriger les travaux des autres : la complète liberté qu'il me laissait dans la recherche – une liberté faite de confiance, d'attention, sans négligence aucune, mais, d'abord et avant tout, une *liberté*. Il n'y a rien de plus précieux.

J'ai dit un jour à Jean-Jacques Becker tout ce que j'étais en mesure de lui dire, dans un livre d'hommage publié en 2002[5]. Cela sous la forme d'une lettre ouverte, dont, près de vingt ans plus tard, je n'ai rien à retrancher, rien à ajouter.

HM : Au fil des années, d'autres maîtres sont venus s'ajouter aux précédents, sinon les remplacer parfois. Je ne crois pas me tromper en affirmant que la lecture d'Alphonse Dupront, l'auteur du fameux *Mythe de croisade*, à la plume si exigeante, a été très importante[6].

Cabanes, *La Victoire endeuillée. La sortie de guerre des soldats français (1918-1920)*, Paris, Seuil, 2004 et Stéphane Audoin-Rouzeau, Christophe Prochasson (dir.), *Sortir de la Grande Guerre. Le monde et l'après-1918*, Paris, Tallandier, 2008.

5. Stéphane Audoin-Rouzeau, Sophie Cœuré, Vincent Duclert, Frédéric Monier (dir.), *Pour comprendre le XXᵉ siècle européen. La politique et la guerre. Hommage à Jean-Jacques Becker*, Agnès Viénot-Noésis, 2002.

6. Alphonse Dupront, *Le Mythe de Croisade*, Paris, Gallimard, 1997, 4 vol.

Surtout à l'heure d'explorer, dans *14-18. Retrouver la guerre*, la dimension de croisade du premier conflit mondial. Que vous inspire aujourd'hui sa façon de traquer toutes les reviviscences de la pulsion de croisade dans l'histoire longue de l'Occident ? Jusqu'où a-t-il été une source d'inspiration pour vous et votre génération ?

SAR : Voilà une question difficile... Ici, il faut que j'emprunte un détour en parlant de ma rencontre avec Annette Becker, qui s'est produite à la fin des années 1980 ou au tout début des années 1990, lors de la dernière phase muséale de montage de l'Historial de la Grande Guerre. À travers elle, j'ai découvert – ce que j'appelle découvrir – le *religieux* de la Grande Guerre[7]. Non seulement la foi, si prégnante, des contemporains du conflit, à commencer par les combattants, mais aussi la dimension religieuse de la guerre elle-même, sa dimension eschatologique si vous préférez, cette attente d'une forme de parousie que le conflit véhicule à travers l'espérance de Victoire. Et cela indépendamment des croyances des uns ou des autres, les républicains laïques français n'étant pas les derniers, loin de là, à vivre dans cette grande attente d'un monde meilleur, pour toujours débarrassé de la guerre, et donc du Mal suprême, si l'on y réfléchit bien.

C'est dans cette configuration que j'ai découvert Dupront, à qui la dimension eschatologique de la Grande Guerre n'avait, comme par hasard, pas

---

7. *Cf.* Annette Becker, *La Guerre et la Foi. De la mort à la mémoire (1914-années 1930)*, Paris, Armand Colin, 1994.

échappé. Alors, oui, la découverte de cette extraordinaire anthropologie religieuse de l'Occident sur
la longue durée, sous-tendue à l'arrière-plan par
la tension spirituelle de l'auteur et servie par cette
écriture inouïe, a constitué une découverte boulever-
sante. C'est grâce à elle qu'avec Annette Becker, nous
avons pu trouver le titre, très provocant je le reconnais, du chapitre central de notre livre à quatre mains
sur la Grande Guerre : « La croisade[8] ». Dieu sait
les ennuis que cela nous a attirés...

HM : Lorsque vous explorez le versant politique
et idéologique de la Grande Guerre, ce sont en effet
les grandes attentes et espérances de type religieux qui
vous attirent, l'immense tension eschatologique qui
traverse le conflit, le vocabulaire de la foi qui imprègne
alors la culture de guerre. « Croire en la patrie, croire
en Dieu », c'est souvent une seule et même chose,
expliquez-vous, pour les soldats de 14 comme pour
ceux de l'arrière. Ce que disait, par exemple, Ernest
Psichari dans une lettre à l'abbé Bailleul : « Je vais à
cette guerre comme une croisade, parce que je sens qu'il
s'agit de défendre les deux grandes causes à quoi j'ai
voué ma vie. » Mais pointe aussi chez vous l'idée qu'il
ne saurait y avoir de compréhension en profondeur de
nos sociétés contemporaines sans l'histoire religieuse.

SAR : Au fond, cette importance du religieux à
l'époque de la Grande Guerre n'a rien d'étonnant

---

8. Stéphane Audoin-Rouzeau, Annette Becker, *14-18. Retrouver
la guerre*, Paris, Gallimard, 2000, p.108-195.

lorsque l'on songe à la détresse des temps entre 1914 et 1918. C'est la douleur, toujours et en tous lieux, qui aiguise la vie spirituelle, jusqu'à la porter parfois à incandescence...

Mais votre question est d'ordre plus général. Nos sociétés sont si déchristianisées en apparence qu'elles finissent par croire qu'elles le sont effectivement. Croient-elles que l'on efface si facilement des siècles et des siècles de croyance ? Il me paraît d'ailleurs évident que c'est bien la croyance qui, dérivée, a nourri – pour le pire – les grandes eschatologies politiques du XXe siècle. De même me paraît-il assez évident qu'elle reste prégnante sous de multiples formes, alors même que le religieux semble s'être retiré du social : mais pour le percevoir, encore faut-il y être un tant soit peu sensible, justement, et se montrer simplement capable de le *voir*, sinon de l'éprouver un peu. Au total, je vous renvoie à cette interrogation ancienne, mais magnifique, du père Congar, le grand théologien de Vatican II (dont j'ai eu la chance de publier les carnets de guerre écrits lors de son enfance sedanaise en 1914-1918[9]) : « Ceux qui disent croire, est-ce qu'ils croient ? Et ceux qui disent ne pas croire, est-ce qu'ils ne croient pas ? » À partir de là, ne peut-on pas accepter un peu de complexité concernant la place du religieux chez les acteurs sociaux ?

HM : Ne peut-on voir aussi dans cet accent porté sur le religieux une certaine forme de relégation

---

9. Yves Congar, *Journal de guerre, 1914-1918*, Paris, Cerf, 1997.

du politique au second plan, dans votre travail de l'époque ?

SAR : C'est très vrai, et cela reste vrai dans mon travail d'aujourd'hui. Je reconnais aisément que je suis mal à l'aise avec le politique, ce que j'essaie de corriger désormais (mon appartenance actuelle au Cespra[10] y fait pour beaucoup, avec la fréquentation au quotidien de politistes remarquables...). Je vois à cela une raison simple : je crois peu à mes propres idées politiques et j'estime en outre fort important d'y croire le moins possible. Cela nuit beaucoup à ma compréhension de l'intérieur de ceux qui y croient beaucoup. De même, je n'aime guère le pouvoir. Cela entrave fortement ma compréhension de ceux qui le recherchent, dans ces luttes qui sont au centre du fait politique. Cela fait beaucoup de handicaps...

HM : Dans votre trajectoire de chercheur, il est une œuvre qui fut plus marquante encore : celle d'Alain Corbin. Elle paraît accompagner l'anthropologisation de votre regard d'historien. Vous avez souvent témoigné de votre admiration pour son œil d'historien à nul autre pareil. Mais vous avez signifié aussi, à plusieurs reprises, ne pas partager toutes ses thèses – surtout, nous y reviendrons, lorsque celles-ci prolongeaient la théorie éliasienne du processus

---

10. Crée en 2002, le Cespra est un centre de recherche de l'EHESS : le Centre d'études sociologiques et politiques Raymond-Aron. Stéphane Audoin-Rouzeau en est l'actuel directeur.

de civilisation en mettant l'accent sur la décrue de la violence et l'affinement des mœurs au cours du long xixᵉ siècle.

Avec le recul, que vous a-t-il apporté ? Une attention particulière au sensoriel ? Sinon, plus généralement, aux affects dans votre lecture des expériences combattantes ?

SAR : Là encore, votre question me remplit de confusion. Compte tenu de ma formation historienne initiale, déjà évoquée, il n'est pas surprenant que je sois resté trop longtemps complètement à l'écart de l'œuvre d'Alain Corbin. *Les Filles de noce* (1978) tout comme *Le Miasme et la Jonquille* (1982) sont donc restés inconnus de moi lors de leur parution. C'est par *Le Village des cannibales* (1990) – seule œuvre d'Alain Corbin sur la guerre, celle de 1870 à laquelle, justement, je m'intéressais, la seule aussi sur la violence dans sa dimension paroxysmique – que je suis entré, enfin, dans son œuvre[11]. Quel choc ! Un choc, d'ailleurs, dont les effets ne se sont pas dissipés ensuite ; un *pharmakon* aux effets lents...

Ici, j'ai bénéficié d'une grande chance : Alain Corbin a aimé mon travail de jeune historien, alors qu'à mon sens, il ne recelait pas grand-chose d'« aimable » pour un penseur de sa stature intellectuelle. Lors de mon jury d'HDR – une des toutes premières en France –, il s'est montré éblouissant, tout en ne m'épargnant pas certaines critiques, parfaitement justifiées, que j'ai pris garde de ne jamais oublier. C'est grâce à lui

---

11. Alain Corbin, *Le Village des cannibales*, Paris, Aubier, 1990.

que j'ai pu publier *L'Enfant de l'ennemi* en 1995,
dont je lui avais présenté le projet. Il m'a ensuite
demandé d'encadrer à sa place plusieurs doctorants
travaillant sur la guerre, dont Odile Roynette[12]... et
vous-même ! Il m'a intégré aux grandes œuvres collectives qu'il a codirigées (*Histoire du corps* en 2005,
Histoire de la virilité en 2011, *Histoire des émotions*
en 2016-2017). Je reste très frappé, rétrospectivement,
par cette grande générosité. Car Alain Corbin reste,
à mes yeux, le plus grand historien français actuel.
Ses objets sont d'une audace extrême. Il ne rédige
pas ; il *écrit*, et c'est tout différent. C'est une sorte
de médium, un *voyant* capable de faire basculer ses
lecteurs d'un monde dans un autre. Il serait donc bien
prétentieux de mettre mon propre travail en regard
d'une œuvre comme la sienne.

HM : Vous reconnaissez-vous dans l'histoire
des sensibilités, ce courant qu'il a tant contribué à faire
connaître[13] ? Ou préférez-vous l'absence de bannière ?

SAR : Je dirais que si je me reconnais assez bien
dans cette expression d'« histoire du sensible[14] »
– cette belle notion qu'il a forgée –, nous n'explorons
pas les mêmes versants du social. Nous reparlerons
de notre « désaccord » sur Elias et sur le « procès

12. Odile Roynette, « *Bons pour le service* ». *L'expérience de la caserne en France à la fin du XIXᵉ siècle*, Paris, Belin, 1999.
13. Pour une vue d'ensemble : Alain Corbin, Hervé Mazurel (dir.), *Histoire des sensibilités*, Paris, Puf/La Vie des idées, 2022.
14. *Cf.* Alain Corbin, *Historien du sensible. Entretiens avec Gilles Heuré*, Paris, La Découverte, 2000.

de civilisation » – qui est aussi, je crois, un désaccord avec vous – mais là n'est pas l'essentiel : il
résiderait plutôt dans le fait que le « sensible »
qu'explore Alain Corbin se situe surtout du côté de
la sensualité des corps, du plaisir, voire de la jouissance. Les corps m'intéressent autant que lui, mais
du côté de la violence infligée et subie, de la souffrance, de la douleur, de la mort. Je ne suis historien
que de la part d'ombre. La palette d'Alain Corbin
comprend toutes les couleurs, dans leurs nuances
les plus fines. Le noir est la seule teinte qui me
soit accessible. Mais il est vrai qu'il y a plusieurs
variétés de noir.

HM : Vous qui explorez avant tout ce versant
nocturne et paroxystique de l'histoire collective, celui
qui vous a vu étudier tour à tour la violence du champ
de bataille, le viol de guerre, le deuil des familles,
les pratiques de cruauté, la létalité des armes de
combat et même un génocide – celui des Tutsi rwandais en 1994 –, n'avez-vous jamais senti le désir ou
plutôt le besoin d'un repos ?

Je veux dire : de travailler sur des objets moins
douloureux, moins éprouvants, sur des corps plus
joyeux, des affects plus solaires, des moments de
liesse collective aussi ? Y aurait-il pour vous comme
une impudeur à vous emparer de tels sujets quand
il reste tant à dévoiler et à écrire sur ces continents
noirs de l'âme humaine et de l'existence collective ?
À quoi attribuez-vous cette sorte de tropisme historiographique en vous qui porte à n'explorer que
la dimension du tragique ?

N'avez-vous jamais craint d'ailleurs l'accusation de dolorisme, que ce même Alain Corbin retourna justement contre les « dix-neuviémistes » essentiellement occupés à ses yeux à ne décrire que la misère humaine et l'infini du malheur ? Il estime qu'en écrivant une histoire du désir, du plaisir, de la joie, on travaille à un nécessaire rééquilibrage de la balance, à une peinture plus pleine de la vie des sociétés d'autrefois, en affrontant ce qui demeura longtemps les pages blanches de l'histoire. Certes, c'est plus difficile sans doute quand on travaille sur le premier XXe siècle...

SAR : Vous me fournissez vous-même le début de la réponse, cher Hervé ! Je ne suis pas en effet un historien du XIXe siècle mais du XXe. Ce siècle de fer n'est pas seulement celui de la guerre dite « totale ». C'est aussi celui des génocides et des massacres de masse, des camps, des totalitarismes nazi et communiste. Je sais bien que ces désastres ne résument pas toute l'histoire de notre contemporain, et fort heureusement : né au milieu des années 1950, à l'ouest de l'Europe, je suis moi-même un enfant du « beau XXe siècle », si l'on peut dire, un enfant de cette « grande croissance » qui est sans doute, avec la Grande Guerre, l'événement qui a le plus transformé la France au cours du siècle passé. Pour autant, tous, nous devons aujourd'hui, et pour longtemps sans doute, porter le poids de la part d'ombre des cent dernières années ; il nous pèse sur les épaules, il nous est une référence constante, même à notre insu.

Alors, je sais bien que tout peut se mêler inextricablement, parfois : dans *Une journée d'Ivan*

Denissovitch, Alexandre Soljenitsyne termine le récit de la journée de camp du *zek* Choukhov par ces mots : « Une journée de passée. Sans seulement un nuage. Presque de bonheur. » Une phrase comme celle-là, il fallait être Soljenitsyne pour avoir le droit de l'écrire. Mais nous, avons-nous un tel droit ? Aucunement. Le moins que nous puissions faire, en historiens, c'est de rendre justice à toutes ces vies dévastées depuis plus d'un siècle en évitant qu'elles soient absolument effacées. On pourrait certes m'accuser de « dolorisme » si j'avais commis la faute, fatale en effet, de rajouter, historiographiquement parlant, de la douleur sur la douleur, de l'émotion sur l'émotion : j'espère ne l'avoir jamais fait. En tout cas, j'ai tenté de ne jamais le faire.

HM : Trois choses me frappent en effet dans votre rapport à l'émotion. Tout d'abord, votre souci permanent, loin du préjugé volontiers rationaliste des historiens traditionnels, de redonner aux affects toute leur place dans la compréhension des conduites des femmes et des hommes d'autrefois. Sans doute votre objet privilégié (l'expérience de guerre des combattants et des civils) vous porte-t-il même à donner un certain primat à la vie d'affect. Vous ne craignez jamais, ensuite, de dévoiler aux lecteurs, à l'orée de vos articles et ouvrages, l'émotion du chercheur qui a déclenché l'enquête – le plus fortement sans doute au seuil d'*Une initiation*, votre livre sur le génocide de 1994 au Rwanda, où vous faites part du *saisissement* qui a été le vôtre une fois sur place, et qui a bouleversé votre vie de chercheur[15]. Enfin, on ressent chez vous, malgré cela, une certaine pudeur des sentiments, qui vous fait craindre à tout instant une sensiblerie inappropriée, un pathos excessif, une affliction surjouée... Cette juste distance que vous semblez rechercher, est-ce parce que vous craignez justement d'ajouter, comme vous le dites, « l'émotion sur l'émotion » ? Mais quelle est la part ici de votre structuration affective propre ?

SAR : Décidément, vous excellez dans les questions difficiles ! Il me semble tout d'abord que les *affects* – je préfère ce terme à « émotion », tellement galvaudé – ne sont nullement un obstacle à l'intelligence des phénomènes, à leur analyse. C'est même exactement l'inverse. Ils constituent une voie d'accès, et peut-être même une voie d'accès privilégiée. Bien des historiens et historiennes l'ont dit avant moi et beaucoup mieux que moi, je pense par exemple à Arlette Farge[16]. Mais évidemment, si les affects sont engagés – et dans les objets que je travaille, ils le sont massivement – quelques protocoles doivent être respectés si l'on ne veut pas nouer un pacte de dupe avec ses lecteurs ou ses auditeurs. Un des premiers articles de ce pacte me paraît être de ne pas dissimuler le rôle qu'ont joué, que jouent les affects dans le sujet que l'on prétend traiter. Et un autre est de ne pas chercher à manipuler les affects de ceux auxquels on s'adresse. C'est à mes yeux

---

15. Stéphane Audoin-Rouzeau, *Une initiation. Rwanda (1994-2016)*, Paris, Seuil, 2017.

16. Arlette Farge, *Des lieux pour l'histoire*, Paris, Seuil, 1997.

une faute morale – pardon pour les grands mots. Et tout particulièrement lorsque l'on traite, comme je le fais, d'événements atroces ayant engendré des émotions (cette fois, j'emploie le terme) d'une force inouïe... Car, face à l'expression de celles-ci, imagine-t-on, confortablement installé, *jouer* de sa propre émotion en l'ajoutant à celles de victimes qui ont tellement souffert ?

Alors, oui, il *faut* être capable de pleurer, *seul*, face au deuil d'une mère ayant perdu son fils en 1914-1918 ou d'une Tutsi rwandaise ayant perdu tous ses enfants, assassinés, en 1994 ; mais si l'on décide de dire, d'écrire cette souffrance (ce qui après tout pourrait se discuter, je l'admets...), il faut lui laisser le champ libre et, soi-même, savoir la fermer (je vous dis de manière volontairement triviale, pardonnez-moi...). C'est une question de dignité. Et n'est-ce pas très important, la dignité ? À mes yeux, notre temps en manque absolument, mais c'est une autre question...

HM : Un autre trait marquant de votre travail d'historien, quoique profondément relié à ce souci de rester au plus près des acteurs, de leurs mots, de leurs représentations, de leurs corps, gestes et attitudes, c'est votre attirance pour l'« infiniment petit ». Au moment où nous engageons cette conversation, vous publiez aux éditions du Cerf un recueil d'articles et d'interventions qui témoigne de cette longue fascination. Il est intitulé *C'est la guerre. Petits sujets sur la violence du fait guerrier (XIXe-XXIe siècle)*. Dans l'introduction, vous écrivez ceci : « Je dois confesser que c'est le maniement des échelles "micro" qui m'a apporté mes plus grandes satisfactions d'historien. Le temps court (le plus court possible parfois), l'incident (souvent minuscule), la lettre isolée, l'objet ou l'image unique, et finalement *l'acteur social* dans sa singularité irréductible : voilà ce que j'ai le plus aimé, voilà ce qui m'a le plus appris, voilà où je pense avoir proposé la seule historiographie – ou la seule anthropologie historique – dont je sois vraiment sûr[17]. »

D'où vous vient ce souci de l'infime, du négligé, de l'indice et du détail révélateurs ? Et pourquoi avoir longtemps refusé auparavant d'avancer sous la bannière de la micro-histoire, vous qui pratiquiez pourtant volontiers les jeux d'échelles et l'observation à la loupe de menus faits de guerre ? En 2001, au seuil de *Cinq deuils de guerre*[18], vous preniez ainsi vos distances avec ceux qui, par opportunisme historiographique sans doute, s'en réclamaient trop volontiers. Vous craigniez de succomber à l'effet de mode ?

SAR : En fait, je crois qu'il y a un malentendu qui s'est noué progressivement, en France tout au moins, autour de la notion de « micro-histoire ». Désormais, tout travail à petite échelle est catalogué « micro-histoire », mais c'est un abus de langage. La micro-histoire, ce n'est pas cela. Certes, le point de

---

17. Stéphane Audoin-Rouzeau, *C'est la guerre. Petits sujets sur la violence du fait guerrier (XIXᵉ-XXIᵉ siècle)*, Paris, Félin, 2020.

18. Stéphane Audoin-Rouzeau, *Cinq deuils de guerre*, Paris, Noesis, 2001.

départ de la démarche micro-historienne peut être minuscule, et même infime, mais son débouché, en quelque sorte, ses effets de connaissance et d'intelligibilité, ne le sont pas. Il y a là une méthode, une proposition scientifique complète, une théorisation aussi, il suffit de lire les grandes œuvres de la micro-histoire italienne pour s'en rendre compte. Je pense n'avoir rien fait de tel. J'aime m'approcher de l'infiniment petit – en regard de la magnitude des événements historiques qui m'intéressent, s'entend – parce que je vois mieux, je *comprends* mieux ainsi. Or, je n'écris que pour comprendre. Quant au livre que vous évoquez – *Cinq deuils de guerre* –, j'aurais été bien incapable de tirer de ces récits quelque chose d'autre que les récits eux-mêmes. Toute tentative de ce type aurait d'ailleurs gâché le livre et, le cinquième récit achevé, je n'avais qu'une envie : *la boucler*, si vous me passez là encore cette expression. Pour le reste, si je me suis approché d'un rivage quelconque avec ce texte, c'est plutôt de littérature qu'il faudrait parler, et non d'une micro-histoire authentique...

HM : J'aimerais à ce sujet citer la fin de votre introduction de *Cinq deuils de guerre*, si singulière en effet pour un livre d'histoire, où vous signifiez au lecteur l'impudeur et l'inutilité d'une éventuelle conclusion à l'ouvrage, laquelle ramènerait l'historien en position de surplomb : « Qu'on me pardonne enfin une ultime entorse aux règles académiques les mieux fondées. À l'issue de ces récits, il ne m'a paru ni utile, ni même

décent peut-être, d'ajouter plus de mots : c'est pourquoi j'ai préféré laisser ce livre sans conclusion. »

SAR : Eh bien, vingt ans plus tard, je ne regrette
pas ces quelques lignes en fait presque rageuses...

II

RELIRE 14-18

HM : Une question sans doute faussement naïve : pourquoi avoir choisi de faire votre thèse sur la Grande Guerre ?

SAR : Les raisons profondes qui m'ont attiré vers ce sujet, je ne les ai découvertes que très tard : je crois m'en être expliqué dans *Quelle histoire*, le seul livre auquel je tienne vraiment[1]. Mais à vingt-cinq ans, ce qui m'attirait sans doute le plus dans cet objet était mon impression qu'il constituait un terrain libre. En France, il y avait eu les travaux de Pierre Renouvin, qui ne m'intéressaient nullement. La thèse de Guy Pedroncini sur les mutineries ; celle de Marc Michel sur les troupes africaines ; celle d'Antoine Prost sur les anciens combattants ; enfin celle de Jean-Jacques Becker, toute récente, sur août 1914[2]. C'était peu !

---

1. Stéphane Audoin-Rouzeau, *Quelle histoire. Un récit de filiation (1914-2014)*, Paris, EHESS-Seuil-Gallimard, 2013. Voir aussi l'édition de poche, avec un texte inédit : « Du côté des femmes », 2015.

2. Jean-Jacques Becker, *1914*, *op. cit.* ; Marc Michel, *« Les » Africains et la Grande Guerre. L'appel à l'Afrique (1914-1918)*, Paris, Karthala,

Ne serait-ce que quantitativement, le contraste est étonnant avec l'historiographie du sujet, aujourd'hui... Au début des années 1980, j'ai donc eu l'intuition que tout un empire était à conquérir. Et c'est par les soldats que j'ai commencé la conquête, parce que la question de la violence – celle du combat en 1914-1918 constituant ici un *hapax* – me paraissait décidément centrale pour toute compréhension des sociétés humaines, pour la compréhension de notre temps. J'en reste persuadé aujourd'hui.

HM : Votre thèse, publiée en 1986 sous le titre *14-18. Les combattants des tranchées*, aux éditions Armand Colin, était déjà originale à plus d'un titre[3]. D'abord, parce que vous vous livriez à l'étude d'une presse méconnue, les journaux de tranchées, écrits *par* et *pour* les soldats (dont le plus célèbre demeure *Le Crapouillot*). Ensuite, parce que votre approche était celle de l'histoire des mentalités, certes assez commune à l'époque chez les médiévistes et les modernistes, mais beaucoup plus rare chez les contemporanéistes et chez les vingtiémistes plus encore. Enfin, si le fil d'Ariane de ce travail demeure bien celui du sentiment national, votre questionnement s'articule moins autour de la question de savoir

---

2014 ; Guy Pedroncini, *Les Mutineries de 1917*, Paris, Puf, 1967 ; Antoine Prost, *Les Anciens Combattants et la société française, 1914-1939*, Paris, FNSP, 1977, 3 vol. Pour une vue d'ensemble des transformations de l'historiographie de la Grande Guerre au fil des décennies : Antoine Prost, Jay Winter, *Penser la Grande Guerre. Un essai d'historiographie*, Paris, Seuil, 2004.

3. Stéphane Audoin-Rouzeau, *14-18. Les combattants des tranchées (à travers leurs journaux)*, Paris, Armand Colin, 1986.

pourquoi les poilus ont combattu qu'autour d'une interrogation nouvelle : *comment ont-ils tenu dans cet enfer ?*

Une interrogation vis-à-vis de laquelle, finalement, toute l'historiographie de la Grande Guerre a bientôt fini par se réorganiser. Moyennant des débats extrêmement intenses sur les réponses à lui apporter[4]. À quoi attribuez-vous d'abord ce glissement du questionnaire ?

SAR : Je vais vous répondre en partant d'un peu plus loin… Pierre Chaunu a dit un jour (je cite de mémoire), à propos de l'Amérique latine à l'époque moderne : « Les Indiens m'ont tout appris. » Je pourrais dire la même chose des soldats français de la Grande Guerre. L'étude de cette presse des tranchées – pleine de biais liés à la configuration militaire, pleine d'effets de source, naturellement – m'a tout d'abord appris à *écouter* ceux sur lesquels j'enquêtais, à écouter les acteurs sociaux – et quels acteurs, n'est-ce pas ! L'immense épreuve des corps, des âmes, ne pouvait pas ne pas s'imposer à moi… Mais ce que je cherchais à reconstituer, c'était bien le « système de représentations » des combattants (le terme est plus satisfaisant que « mentalités » que j'avais alors employé sans le questionner suffisamment). Et, en effet, leur ténacité dans l'épreuve constituait *la* question sous-jacente. Aujourd'hui encore, le « tenir » des soldats de la Grande Guerre, au sein de la quasi-totalité des armées, reste une immense question

---

4. Voir notamment : Frédéric Rousseau, *La guerre censurée. Une histoire des combattants européens en 14-18*, Paris, Seuil, 2003 et Nicolas Mariot, *Tous unis dans les tranchées ? 1914-1918, les intellectuels rencontrent le peuple*, Paris, Seuil, 2013.

historique en ce sens qu'elle touche à la part d'invisible
des sociétés, dès lors que celles-ci restent à l'écart de
la grande ordalie de la guerre.

Il m'est donc apparu que les représentations que
se faisaient les soldats de leur pays et de sa défense,
le sens qu'ils attribuaient à leurs souffrances, l'image de
l'ennemi qui était la leur, n'expliquaient évidemment
pas tout de leur incroyable ténacité, mais que nier
l'existence de ces représentations de la guerre forgées
par les acteurs eux-mêmes était finalement une manière
de les nier, purement et simplement, de les exclure de
leur propre histoire, d'en faire des « non-existants[5] »
pour reprendre ici une expression tellement heureuse
de Castoriadis. C'est ce que j'ai alors appelé, faute
de mieux sans doute et pour éviter le terme « patrio-
tisme », trop connoté, leur « sentiment national »,
avant de proposer quinze ans plus tard, dans l'ouvrage publié avec Annette Becker (*14-18. Retrouver
la guerre*, Gallimard, 2000) cette notion de « consentement » qui a ouvert une longue période de polémiques
historiographiques assez largement idéologisées.

Cette « querelle des historiens français », à laquelle
je n'ai souhaité participer pour ma part qu'assez peu
et plutôt indirectement, est aujourd'hui dépassée. Avec
le recul, je pense qu'il eût fallu travailler davantage,
dans cette thèse tout comme dans *14-18. Retrouver
la guerre*[6], sur la question du *temps* de guerre, un temps
qui n'est pas (pardonnez le truisme) un temps ordinaire au cours duquel se produit un événement

5. Cornélius Castoriadis, *L'Institution imaginaire de la société* [1975],
Paris, Seuil, 1999, p. 224.

6. Stéphane Audoin-Rouzeau, Annette Becker, *14-18*, *op. cit.*

extraordinaire : le temps de guerre est *autre*, radicalement autre, il modifie de fond en comble les comportements sociaux, les manières de penser et d'agir, les représentations de soi et du monde. Les travaux récents de Nicolas Beaupré le confirment pleinement[7]. Si j'avais été en mesure d'y intégrer cette dimension de la temporalité, ce que je proposais dans ma thèse aurait peut-être été mieux accepté, moins catalogué peut-être comme une pensée de « droite »... Mais cette question du temps – du temps vécu, expérimenté –, je n'avais alors aucun moyen pour la penser. Je n'y suis venu qu'au cours des années récentes... Comme souvent, il faudrait pouvoir tout reprendre !

HM : Si vous le permettez, je reviendrai un peu après sur cette controverse marquante, aux accents si souvent polémiques et qui a creusé, dans l'historiographie de 14-18, un sillon large et profond séparant deux écoles longtemps irréconciliables, celle, la vôtre, dite du « consentement » et, l'autre, l'école dite de la « contrainte », chacune répondant différemment à la question de savoir pourquoi les soldats ont tenu pendant ces quatre années d'une guerre à nulle autre pareille.

Je veux revenir ici sur ce que vous dites des acteurs sociaux : le fait qu'il était impossible à vos yeux d'ignorer plus longtemps ce qu'ils avaient à dire, impossible de ne pas se mettre enfin à leur écoute, de ne pas tenter d'entrevoir le monde à travers leurs yeux.

---

7. On songe ici tout particulièrement à son mémoire inédit présenté pour l'habilitation à diriger des recherches, et intitulé « En temps de guerre 1914-1918 », malheureusement non publié à cette date.

Vous avez refusé – et c'est aussi une marque de votre génération – cette forme d'histoire en surplomb qu'on ne pensait pas, autrefois, à mettre en question. Celle-là même qui tendait à ne pas « prendre les acteurs au sérieux » (Bernard Lepetit), en les réduisant à de simples agents mus par des forces historiques et des déterminations sociales dont on pensait, à tort, qu'ils ignoraient tout ou presque.

SAR : Oui, et je dois reconnaître qu'avec l'âge, c'est devenu une véritable obsession : je trouve insupportable que l'on parle à la place des acteurs sociaux, que l'on « traverse » leur discours sans écouter ce qu'ils ont à dire, que l'on préfère analyser ce qu'ils disent plutôt que de le leur laisser dire. Comme l'a dit Castoriadis dans ce texte inouï que je citais plus haut, il y a une manière de ne pas écouter qui transforme les individus en « non-existants ». Les sciences sociales ont un goût particulier pour cela, et l'histoire davantage sans doute que la sociologie pragmatique et l'anthropologie, qui souvent écoutent mieux ce que les acteurs ont à dire. Peut-être parce que les historiens généralisent trop ?

HM : Ce geste, que j'évoquais plus haut, vous a conduit à observer autrement le champ de bataille. À ne pas emprunter « naturellement » le point de vue des états-majors, à l'instar de l'histoire militaire traditionnelle. Vous l'avez regardé au contraire avec les yeux des soldats eux-mêmes, ces êtres de chair et d'os aux prises avec les bombardements incessants, l'angoisse de l'assaut qui vient, les fatigues inouïes et les terreurs inimaginables qui étaient les leurs... Or

cette histoire « au ras du sol » et « à fleur de peau »
met au centre de l'attention cette notion essentielle :
l'« expérience combattante ».

D'où vous est venu ce souci qui consiste à tenter de
retrouver le vif même du vécu des soldats ? Fais-je fausse
route si j'y vois aussi l'influence du cinéma de guerre
américain – celui des années 1970-1980 portant pour
l'essentiel sur l'expérience du Vietnam (*Deer Hunter*,
Full Metal Jacket, *Apocalypse Now*, *Platoon*, etc.) –,
lequel nous a habitués à regarder la guerre autrement ?
En bref, un mouvement de caméra aurait-il préparé,
rendu possible, cette rupture historiographique ?

SAR : Pour une fois, vous faites fausse route, cher
Hervé ! Tout au moins je le crois... Le pacte de notre
dialogue exigeant sans doute que je dise une ou deux
choses jamais dites ailleurs, je voudrais tenter de vous
répondre sur cette question du tropisme de l'« expérience combattante ». Non, celui-ci n'emprunte sans
doute que très peu au cinéma, mais beaucoup à mon
expérience des arts martiaux – longue de près d'un
demi-siècle à présent ! –, en particulier à celle d'un
karaté dans ce qu'il peut avoir de plus authentique
à mes yeux et de plus traditionnel. C'est là que j'ai
compris quelque chose d'irremplaçable dans ce qui a
trait à l'expérience du corps, du danger, de la peur.
L'art martial authentique n'est pas un sport, car il
y a toujours quelque chose qui touche à la mort au
cœur de sa pratique où tout combat, même contrôlé,
recèle toujours une discrète tragédie. Cela m'a appris
davantage que tous les livres. Mais je me garderais
bien d'avoir l'indécence, comme vous vous en doutez,

de faire la moindre comparaison avec l'« expérience combattante » dans les conflits contemporains : ce n'est pas du *tout* ce que je veux dire. Mais ce que m'a apporté la pratique corporelle et psychique que j'évoque, c'est un intérêt extrême pour ce qui est de l'ordre du corps et de la psyché, justement, chez ceux qui, armes à la main et donc acteurs de violence eux aussi, sont allés au plus loin qu'il est possible dans la confrontation d'un être humain au risque de sa propre disparition. Les soldats, en somme.

HM : Puisque vous évoquez ici publiquement votre pratique du karaté (pratique que vous exercez à haut niveau et comme enseignant chevronné également), permettez-moi de vous demander ici, quitte à digresser momentanément, pourquoi l'avoir si longtemps tenue secrète ? Avez-vous craint que cette passion si forte ne soit mal comprise par vos pairs et/ou qu'elle vous fasse du tort au sein de l'institution universitaire ?

SAR : C'est exact, je me suis toujours gardé de dévoiler ce jardin secret (au sein duquel je ne suis nullement un expert, je tiens à le préciser : je n'avais pas, dès l'origine, le talent pour cela ; songez par exemple qu'au cours de près de cinquante années d'entraînement, je pense n'avoir effectué qu'une dizaine d'actions vraiment correctes…). Si je consens ici à un certain dévoilement, c'est que maintenant, tout cela a moins d'importance. Songez au fait que l'idée de l'art martial traditionnel, désormais complètement saccagée par le « procès de sportisation » caractéristique de l'Occident, peut très difficilement être comprise de manière exacte par tout un chacun. La violence, qui n'est pas niable, qui est inhérente à la pratique des arts martiaux, peut très aisément, de l'extérieur, être comprise comme une inacceptable brutalité. Compte tenu de mes objets de recherche, vous imaginez le parti qui aurait pu en être tiré contre moi ?

HM : Bien sûr. Et, en même temps, j'imagine que ce clivage de vos activités a dû parfois vous paraître compliqué à vivre, sinon pesant. À aucun moment vous n'avez ressenti le besoin de clarifier, d'objectiver, voire d'exprimer hors du cercle familial le lien entre ces deux passions pleines de résonances ? Dans le cadre de votre habilitation à diriger des recherches, par exemple, moment où l'on est davantage invité à l'autoanalyse, sinon à l'égo-histoire ?

SAR : Je crois que vous vous trompez. Il n'y a nulle schizophrénie ici, sachez-le. Tout au contraire : l'entraînement m'a toujours permis de préparer mon écriture historique. La page blanche constitue un adversaire redoutable, qui ne cède jamais facilement, et il est bon de se préparer, toujours, à ce combat-là.

HM : J'en reviens à votre travail d'historien. Dans cet effort, tout à la fois individuel et collectif, pour revisiter l'étude de la Grande Guerre, et bien que votre objet premier soit l'activité de combat, vous avez toujours été très attentif à penser ensemble le front et l'arrière, à relier constamment l'expérience des soldats à celle des civils – femmes, enfants, vieillards. Ces civils auxquels, rappelons-le, vous avez consacré toute une part de vos

livres (de *La Guerre des enfants* à *Cinq deuils de guerre*,
en passant par *L'Enfant de l'ennemi*). Or n'est-ce pas
d'abord ce premier décloisonnement puis ce va-et-vient
constant entre combattants et non-combattants qui
vous ont permis, avec d'autres historiennes et historiens proches de vous (Jean-Jacques et Annette Becker,
Christophe Prochasson, Anne Rassmussen, Bruno
Cabanes, John Horne, Gerd Krumeich...), d'ouvrir sur
une vaste relecture de l'événement lui-même[8] ?

SAR : Cette question des liens entre « mondes combattants » et « mondes civils » pendant la Grande Guerre
est apparue très vite comme centrale lors du démarrage
de cette nouvelle historiographie de 1914-1918 que
le Centre de recherche de Péronne a cherché à promou-
voir. D'ailleurs, l'organisation intérieure des salles du
musée en était issue : le monde de l'« avant » en centre
de salle, celui de l'arrière en périphérie, mais non sans
une série de passerelles visuelles organisées entre ces
deux mondes séparés de manière étanche seulement
en apparence. Oui, les soldats étaient des civils en
uniforme, agissant sous le « regard » de ceux qu'ils
avaient laissés à l'arrière ; et les civils, contrairement
à une *doxa* combattante dictée par le sentiment d'une
vaste incompréhension, n'ont cessé de penser à ceux

---

8. Voir Stéphane Audoin-Rouzeau, Annette Becker, Jean-Jacques
Becker, Gerd Krumeich, Jay Winter (dir.), *Guerre et cultures. 1914-1918*,
Paris, Armand Colin, 1994 ; Stéphane Audoin-Rouzeau, Jean-Jacques
Becker (dir.), *Encyclopédie de la Grande Guerre. 1914-1918*, Paris, Bayard,
2004 ; Jean-Jacques Becker (dir.), *Histoire culturelle de la Grande Guerre*,
Paris, Armand Colin, 2005 ; Christophe Prochasson, Anne Rassmussen
(dir.), *Vrai et faux dans la Grande Guerre*, Paris, La Découverte, 2004.

qui étaient au front, à leurs proches. Les travaux de Manon Pignot, de Clémentine Vidal-Naquet l'ont confirmé magnifiquement[9]. Et donc, au-delà de la séparation matérielle entre les deux mondes, comprendre les sociétés en guerre exigeait de les saisir ensemble. Ce « séparé-ensemble » constitue une clef déterminante de l'expérience des contemporains de la Grande Guerre.

HM : Puisque vous parlez ici des travaux de Manon Pignot, devenue la grande spécialiste de l'expérience enfantine mais aussi adolescente de la Grande Guerre, quelle place occupe dans votre trajectoire *La Guerre des enfants*, ce livre publié en 1993 et qui fut si marquant pour elle[10] ? Qu'est-ce qui vous a amené, sinon votre paternité peut-être, à vous intéresser à la façon dont ces sociétés en guerre ont cherché à embrigader jusqu'à l'esprit des enfants, en parant notamment leurs jeux et loisirs de thématiques guerrières, en n'hésitant pas aussi à leur inculquer à l'école, sinon dès le plus jeune âge, la haine de l'ennemi ?

SAR : C'est assez simple. Quand le musée de l'Historial était en gestation, nous, les historiens, pouvions nous promener librement dans les réserves

---

9. Manon Pignot, *Allons enfants de la patrie. Génération Grande Guerre*, Paris, Seuil, 2012 et *L'Appel de la guerre. Des adolescents au combat, 1914-1918*, Paris, Anamosa, 2019 ; Clémentine Vidal-Naquet, *Couples dans la Grande Guerre. Le tragique et l'ordinaire dans le lien conjugal*, Paris, Les Belles Lettres, 2014 et *Correspondances conjugales. 1914-1918. Dans l'intimité de la Grande Guerre*, Paris, Robert Laffont, 2014.

10. Stéphane Audoin-Rouzeau, *La Guerre des enfants, 1914-1918. Essai d'histoire culturelle*, Paris, Armand Colin, 1993.

où s'accumulaient les collections, et qui se trouvaient dans les greniers des archives départementales (une telle liberté est inenvisageable aujourd'hui, naturellement...). Et c'est là qu'un jour, j'ai vu pour la première fois des jouets fabriqués pour des enfants pendant la guerre. Stupeur devant leur violence anti-allemande, devant leur légitimation de la guerre ! Peu après, j'ai trouvé les collections d'illustrés, les livres, les magazines, les bandes dessinées... Et j'ai pris conscience que l'on ne s'occupait jamais de ce que les enfants avaient pu vivre pendant la guerre, de ce qu'ils avaient pu penser de la guerre elle-même. Comme si cela n'avait pas d'intérêt ! Alors, pour le livre dont vous parlez, disons que j'ai fait ce que j'ai pu ; en fait, je me suis beaucoup trop intéressé au discours adulte (multiforme) à destination des enfants, plutôt qu'aux enfants eux-mêmes, sauf *in fine* : le piège classique. Un piège dont a su si bien sortir Manon Pignot, en partant des enfants eux-mêmes, et non des adultes. Mais je ne regrette rien : c'est une expérience historiographique qui m'a beaucoup appris, qui a transformé ma vision de l'enfance pour laquelle je garde une forme de culte, débarrassé toutefois de cette mièvrerie qui caractérise si souvent le discours adulte à l'endroit des enfants.

HM : Comme historien, vous avez développé un goût particulièrement prononcé pour les objets, chose relativement rare dans notre métier – les historiens étant surtout des professionnels des textes, secondairement des images. Bien que vous n'ayez rien des collectionneurs érudits et compulsifs qu'on croise aux abords des champs de bataille de la Somme ou de l'Aisne,

vous n'avez pas votre pareil vous faire parler un éclat
d'obus, un uniforme militaire ou quelque objet confec-
tionné dans les lignes arrières (instruments, dagues,
cannes, objets du quotidien…). Cet amour des objets
est-il né d'avoir été associé à la création en 1992 de
l'Historial de Péronne et à la réflexion menée collecti-
vement sur sa muséographie ?

SAR : C'est vrai, j'aime les objets. Je les aime comme
source (et non comme un collectionneur, la passion
de la collection ne m'atteint pas). Et il est vrai qu'en
ce domaine, tout s'est joué lors de la rencontre avec
les objets accumulés pour constituer les collections du
futur Historial de la Grande Guerre de Péronne, au
cours de la seconde moitié des années 1980 et au début
de la décennie suivante. La conservation avait demandé
aux historiens réunis autour du futur musée de constituer des listes d'objets à acquérir : à peu de chose près,
nous n'avons pu en indiquer aucun. La « culture matérielle » des sociétés de 1914-1918, comme on disait
alors, les « matérialités » (comme je dirais aujourd'hui)
des soldats et des civils en guerre nous étaient incon-
nues. Incroyable, n'est-ce pas ? Ces matérialités, je
les ai découvertes dans les réserves où s'accumulaient
les objets achetés par l'équipe de conservation, en fonction des opportunités du marché et de la perspective
d'ensemble du musée à venir. Rien de bien systématique, comme vous voyez. Mais enfin, c'est là que je
me suis saisi des armes, que j'ai essayé les uniformes
(je ne pouvais entrer dans aucun : grande leçon sur
la corporéité du début du XXe siècle…), que j'ai pris
contact avec ce qui avait été fabriqué à destination

des enfants « en guerre », que j'ai découvert les objets du religieux, etc. Il me semble que tout un savoir nouveau a ainsi lentement infusé et a transformé ma manière de concevoir l'opération historique elle-même. De ce point de vue, le musée m'a tout appris.

Mais, c'est vrai, j'avais été préparé à apprendre. Mon père savait voir les objets. Il savait aussi les regarder longuement. Objets des arts premiers (l'expression n'existait pas de son temps, il disait « objets sauvages »), objets ethnographiques, mais au-delà, tous les objets, y compris les plus humbles, les plus banals. Il avait horreur du neuf et attachait à la patine, à l'usage, à la trace humaine laissée sur un bois, sur un métal, sur un cuir, une importance centrale. Je n'ai eu qu'à faire parler cette éducation qui ne s'apprend ni à l'école, ni dans les livres.

HM : Sur ce point, d'où est venu votre intérêt pour l'archéologie, très rare chez les historiens contemporanéistes ? Était-ce lié à la première profession de votre sœur, Frédérique Audoin-Rouzeau, qui comme archéologue s'est intéressée notamment à l'histoire longue de la peste, à sa capacité de propagation notamment[11] ? Ou parce que les archéologues commençaient eux-mêmes à explorer dans les années 1990 les sous-sols des champs de bataille de 14-18 et que vous y avez très vite vu les apports potentiels pour l'historien de la violence que vous êtes ?

---

11. Frédérique Audoin-Rouzeau, *Les Chemins de la peste. Le rat, la puce et l'homme*, Rennes, PUR, 2003.

SAR : L'archéologie, c'est encore des corps, et c'est encore des objets... Il est sûr que dans mes premières années d'historien, le travail de ma sœur, en tant qu'archéo-zoologue du Moyen Âge, a dû jouer : je m'intéressais à son travail, nous en parlions beaucoup. Et puis, au début des années 1990 – en 1991 très exactement – fut exhumée et fouillée de manière scientifique la tombe d'Alain-Fournier : pour la première fois, un questionnaire archéologique était attaché à une tombe collective de la Grande Guerre, à une sépulture de catastrophe liée aux combats de septembre 1914. J'ai été immédiatement fasciné, j'ai senti qu'il y avait là une frontière de recherche d'une extraordinaire fécondité potentielle. Après tout, rappelons que l'on ne sait pas de quoi les soldats de 14-18 sont morts : on sait seulement comment ils ont été blessés mais cela ne concerne que ceux qui ont eu le temps d'entrer dans la chaîne de soins. On ne sait pas non plus comment, sur le front, dans l'immédiateté de la mort, ils ont été enterrés : les tout premiers rites funéraires, ceux mis en œuvre par les camarades, nous sont largement inconnus... Je n'ai pas besoin d'insister sur l'intérêt d'en savoir un peu plus là-dessus, je suppose ?

HM : Aucunement... Une chose est sûre, ce goût pour les objets est une constante dans votre trajectoire d'historien. Elle vous a mené à leur consacrer un livre en particulier, paru en 2009 et intitulé *Les Armes et la chair. Trois objets de morts en 1914-1918*[12].

---

12. Stéphane Audoin-Rouzeau, *Les Armes et la chair. Trois objets de mort, 14-18*, Paris, Armand Colin, 2009.

Comment s'est opéré ce choix parmi la multitude d'objets que vous avez côtoyée à l'Historial de Péronne ? J'imagine qu'il vous reste certaines frustrations...

SAR : Je n'ai pas eu à réfléchir longuement... Caroline Leclerc m'avait demandé de diriger une collection chez Armand Colin – collection qui fut une véritable catastrophe, en raison d'un effondrement quasi total de la direction de la maison d'édition et de ma naïveté personnelle, mais c'est une autre affaire – et je lui ai donc proposé ce livre sur quelques objets de la Grande Guerre, sans y « penser » particulièrement... À l'origine, j'avais souhaité ajouter un objet du monde civil : un moutardier de table représentant une tête de porc surmontée d'un casque allemand, qui disait toute une haine française de l'ennemi, mangeur de porc et lui-même assimilable à un porc, justement. Et puis, je me suis limité aux objets du combat. Et j'ai voulu en illustrer trois aspects : les gaz, le bombardement, et les combats au corps-à-corps. Pour les gaz, phénomène invisible, le tableau-maquette d'une ancienne victime gazée en 1915 permettait une narration, un récit, et une réflexion sur la catharsis des souffrances du combat ; l'éclat d'obus, ramassé sur les champs de l'Aisne où ils sont nombreux, m'avait été offert par Caroline Fontaine, directrice du Centre de recherche de l'Historial de Péronne, pour mon élection à l'EHESS : c'est ma longue fréquentation de ce morceau de fer qui m'a guidé, et aussi le défi d'écrire sur un objet à propos duquel il n'y avait à peu près rien à dire... Quant à la dague de tranchée, il s'agit d'autre chose : c'est un couteau de tueur qui, dès l'origine, m'a conduit

à penser qu'il manquait un aspect dans notre historiographie d'une guerre où il est généralement admis que
l'on ne savait pas qui l'on tuait ni qui vous tuait. Et je
ne pense pas m'être trompé : il y a bien eu une *autre
guerre* que la guerre industrielle, anonyme, désincarnée,
et donc disculpatrice. Le choix de cette dague impli-
quait donc une *démonstration* à laquelle je tenais. Mais
au total, dans les choix, vous voyez que je me suis
largement laissé guider par mon intuition des objets.
Il faut parfois accepter de lâcher prise...

HM : Parmi vos étudiants, nous avons été
nombreux à avoir été marqués par une séance de
séminaire que vous aviez réalisée à Péronne il y a
une douzaine d'années et que vous aviez consacrée à
un objet paysan, à la canne sculptée du soldat Claude
Burloux. Pourriez-vous nous dire quelques mots de
cet objet inouï ?

SAR : Souvenir... Souvenir... En fait, lorsque j'étais
jeune enseignant à l'université d'Amiens, j'amenais
parfois les étudiants de licence dans les réserves du
futur musée de l'Historial et je faisais un TD en distri-
buant, par exemple, des assiettes de « propagande » :
chacun devait ensuite en proposer un commentaire
articulé. Et bien plus tard en effet, alors qu'un groupe
de jeunes chercheurs et chercheuses de votre génération était encore en thèse, j'ai réitéré mais à un niveau
beaucoup plus élevé en vous proposant un séminaire
à l'Historial autour d'un certain nombre d'objets (très
difficiles ceux-là, il faut savoir se faire respecter...),
dont un violoncelle de tranchée et une canne de soldat

sculptée dans les Vosges, par un certain Claude Burloux. J'étais tombé dessus « par hasard », dans les réserves, en préparant la séance. Et j'ai pris un malin plaisir à vous la faire « travailler » après avoir dû énormément travailler préalablement moi-même, je vous prie de le croire ! Jamais un objet de la Grande Guerre ne m'avait donné autant de fil à retordre... Il faut dire que cet objet d'art brut est si sophistiqué qu'il faut deux cent cinquante clichés pour le saisir en entier ! Intelligence de la main, ici, et intelligence tout court, puisque ce simple soldat paysan parvient à livrer sur cette branche de houx sa vision, son interprétation de la guerre, le *sens* qu'il lui accorde, en somme, et qui est fort élaboré. J'ai gardé quelques clichés de votre petit groupe pendant le travail d'observation et d'analyse : votre *attention* y est belle à voir, je me permets de vous le dire...

HM : Enfin, je voudrais interroger ici votre rapport aux images, à l'image fixe comme à l'image-mouvement. Quelle place les images ont-elles dans votre travail ? Je sais que le tableau qui se trouve sur la couverture de *L'Enfant de l'ennemi* (*La Défense de la famille*, peint par Harold Hume Piffard) a pour vous une importance particulière...

SAR : Le tableau auquel vous faites allusion, et auquel je tiens beaucoup en effet, est venu couper ma route lorsque j'écrivais *L'Enfant de l'ennemi*[13] : je me

---

13. Stéphane Audoin-Rouzeau, *L'Enfant de l'ennemi, 1914-1918. Viol, avortement, infanticide pendant la Grande Guerre*, Paris, Aubier, 1995.

Canne sculptée
par le soldat Burloux.

La Défense de la famille, peint par Harold Hume Piffard.

suis senti obligé de l'acheter, et puis, assez logique-
ment, d'essayer de l'analyser. Et il m'a donné du fil à
retordre, car c'est à ma connaissance l'unique représentation, en 1914-1918, d'une femme qui se défend,
et victorieusement, contre une agression sexuelle
commise par l'envahisseur... Mais je dois confesser
que je suis assez maladroit face à toute œuvre d'art,
et je ne m'avance sur ce terrain qu'avec infiniment de
prudence. La médiocrité de celle-ci m'a beaucoup aidé.

HM : J'ai le sentiment que vous avez porté
aussi une attention accrue à la photographie au fil
des années, notamment par le biais de vos participa-
tions aux grandes séries du Seuil dirigées par Alain
Corbin, Jean-Jacques Courtine et Georges Vigarello,
l'*Histoire du corps*, l'*Histoire de la virilité* et l'*Histoire
des émotions*[14] ? Est-ce le cas ?

SAR : C'est exact. Je me suis beaucoup servi de
la photographie de guerre – les corpus de la Seconde
Guerre mondiale et surtout ceux du Vietnam (les
reporters de guerre ne sont jamais autant entrés dans
le combat qu'au Vietnam, et ils sont très nombreux à
l'avoir payé de leur vie...) – pour tenter de voir mieux
ce qu'il se jouait dans le combat moderne. Je me suis
crevé les yeux sur les photographies pour tenter d'approcher d'un peu plus près les gestuelles, les pratiques
motrices, les visages concentrés ou défaits, les regards

---

14. Alain Corbin, Jean-Jacques Courtine, Georges Vigarello (dir.),
Histoire du corps, Paris, Seuil, 2007, 3 vol. ; *Histoire de la virilité*, Paris,
Seuil, 2011, 3 vol. ; *Histoire des émotions*, *op. cit.*

de haine ou de terreur, les taches de sueur ou de sang sur les uniformes.[15] Il faut bien apprendre à voir...

HM : Et *quid* du cinéma ?

SAR : Lors d'un séminaire à l'École normale, Olivier Chaline et moi-même avions lors d'une séance invité l'ancien Premier ministre Pierre Messmer qui, jeune officier de la Légion, avait combattu aux tout premiers rangs à Bir Hakeim et à El Alamein. À ma grande surprise, celui-ci indiqua que c'était le cinéma qui, selon lui, donnait la vue la plus juste de ce qu'était le combat moderne... Si je mentionne cette remarque de combattant, c'est pour me méfier de ma propre méfiance à l'égard des « films de guerre »... Car je dois confesser qu'au cinéma, la représentation fictionnelle du combat me laisse assez sceptique. Ainsi, rien n'égale pour moi, en termes de « vérité », un documentaire comme *La Section Anderson* de Pierre Schoendoerffer (1966). Et puis, je crois que la guerre n'est jamais si bien rendue que lorsqu'elle est absente : je songe au *Crabe-tambour* de Schoendoerffer (1977), une fois encore, ou à *La Vie et rien d'autre* de Bertrand Tavernier (1989) : la guerre n'y est jamais visible, elle reste tapie, en cet automne 1920, au fond du tunnel effondré autour duquel tout se joue. Je ne sache pas qu'ait été jamais tourné en France de film plus *juste* sur la Grande Guerre.

---

15. Voir notamment : Stéphane Audoin-Rouzeau, *La Guerre au XXe siècle. L'expérience combattante*, Paris, La Documentation photographique, t. 1, 2004.

III

LA GUERRE
COMME ACTE CULTUREL

HM : À pas mal d'égards, on peut lire toute une partie de votre œuvre comme étant animée du désir de réinvestir l'histoire militaire des apports intellectuels émanant de l'École des Annales. Bien que Marc Bloch ait laissé des témoignages décisifs sur son expérience des deux conflits mondiaux[1], l'étude historique du fait guerrier n'a guère bénéficié de la révolution intellectuelle et historiographique incarnée par Lucien Febvre, Marc Bloch et leurs successeurs. Associée pendant des décennies à la vieille histoire historisante, à une histoire surtout événementielle et diplomatique, obsédée par l'étude de grands acteurs plutôt que par celle des masses, l'histoire militaire est en effet restée en marge des fronts pionniers de la recherche historique.

---

1. Marc Bloch, *Réflexions sur les fausses nouvelles de la guerre* [1921], Paris, Alia, 1999. Voir également Marc Bloch, *Écrits de guerre (1914-1918)*, Textes réunis et présentés par Étienne Bloch, Introduction de Stéphane Audoin-Rouzeau, Paris, A. Colin, 1997, ainsi que le recueil de textes édité par Annette Becker et Étienne Bloch : Marc Bloch, *L'Histoire, la Guerre, la Résistance*, Paris, Gallimard, 2006.

Or, dès votre thèse, votre exploration des « mentalités combattantes » ou, comme on dirait plus volontiers aujourd'hui, des « systèmes de représentations »,
me paraît symptomatique de votre volonté de rabattre
vers l'étude du combat les concepts et innovations
venus de cette tradition.

SAR : Vous connaissez certainement la fameuse
phrase de Pierre Clastres, qui me sert de mantra et
que je détourne, naturellement, de sa signification
première : « Se tromper sur la guerre, c'est se tromper
sur la société[2]. » À l'origine, le propos n'est censé
viser que les sociétés « primitives », mais il peut fort
bien s'appliquer à « nos » sociétés, dont l'expérience
de la guerre a été à la fois massive et s'est renouvelée
de manière extrêmement rapide au cours des deux
derniers siècles, avec des conséquences immenses pour
l'humanité tout entière. Alors oui, il me semble que
l'École des Annales a, globalement, méconnu la guerre
(Marc Bloch excepté, mais son regard sur le fait guerrier reste tout de même à la marge de son œuvre de
médiéviste). Cette méconnaissance est particulièrement
marquée chez Fernand Braudel qui a, sur la guerre,
des pages parfois consternantes : je pense en particulier à la bataille de Lépante dans sa *Méditerranée*.

HM : À mes étudiants, je cite toujours cet extrait
à mes yeux symptomatique de *14-18. Retrouver
la guerre*, écrit avec Annette Becker : « Dans

---

2. Pierre Clastres, *Archéologie de la violence. La guerre dans les sociétés
primitives* [1977], La Tour-d'Aigues, L'Aube, 2005, p. 45.

le paroxysme de la violence de guerre, les hommes sont mis à nu, dans leurs corps, leur imaginaire, leurs ferveurs, leurs croyances, leurs peurs et leurs haines.[3] » Comment mieux signifier à vos collègues historiens que le fait guerrier est un révélateur culturel sans guère d'équivalent ? Avez-vous le sentiment d'avoir été pleinement entendu ici ?

SAR : Je suis persuadé que la guerre, et dans la guerre le combat et sa violence intrinsèque, constitue l'épreuve collective la plus importante que puisse traverser un acteur social. Même si l'expérience est brève, voire très brève, ce moment-là compte plus que tout autre, il dirime oui ! un avant d'un après, et son souvenir s'imprime dans la psyché jusqu'à l'extrême fin d'une vie humaine. En outre, sur un plan cette fois plus collectif, j'ai déjà eu l'occasion de l'évoquer, la guerre est créatrice d'un temps « autre » pour les acteurs sociaux, d'un temps où, oui, tout est à nu, où le social se trouve d'un seul coup prodigieusement simplifié, clarifié. Comment envisager de se priver d'un tel outil de compréhension ?

Alors, vous me demandez si j'ai été pleinement entendu, et là j'hésite à vous répondre... Non, naturellement, mais je me méfie à l'extrême de cette tendance de tout chercheur à considérer qu'il n'est jamais assez entendu, compris, reconnu, car c'est la maladie de ce métier. Alors, disons plutôt qu'un historien de la guerre dans mon genre ne peut espérer être tout à fait *accepté* : parce qu'il est porteur d'une *mauvaise*

---

3. Stéphane Audoin-Rouzeau, Annette Becker, *14-18*, *op. cit.*, p. 25.

nouvelle pour la société à laquelle il appartient et à laquelle il s'adresse. En disant la violence autrefois déployée, en insistant, comme je le fais, sur sa radicalité, éventuellement sur sa cruauté, il ne peut pas ne pas annoncer la catastrophe qui pourrait se déployer encore à l'avenir. Cela ne peut être tout à fait tolérable...

HM : Vous avez parfois fait mention des résistances que généraient vos travaux. En particulier sur ce qui a trait aux pratiques de cruauté (décapitation, essorillement, énucléation, découpe des parties génitales...) – pratiques, précisons-le, que vous ne considérez pas comme périphériques dans l'activité guerrière, mais hautement révélatrices au contraire de ce que, fondamentalement, elle est.

En cela, on pourrait faire l'hypothèse que ceux-là mêmes qui préfèrent *ne pas voir* vous accusent de voyeurisme pour mieux faciliter leur propre déni. Ils font peser ainsi sur ceux qui enquêtent sur cette matière vile et mettent au jour toute cette « obscénité » – car vous n'êtes pas le seul (Denis Crouzet, Alain Corbin, Christian Ingrao...) – le soupçon d'une fascination inquiétante et morbide pour cet objet rebutant[4].

SAR : Je m'en suis expliqué souvent, déjà, mais c'est assez tardivement que j'ai pris pleinement conscience de ce qui se jouait dans l'énonciation – car il faut bien les *énoncer* – des pratiques de violence « extrêmes » (je préfère parler de « pratiques de cruauté ») qui

---

4. Stéphane Audoin-Rouzeau, *Combattre*, *op. cit.*, p. 39.

presque partout accompagnent l'activité guerrière contemporaine, et qu'en effet je ne considère pas comme des accidents, des bavures périphériques, mais bien comme des pratiques qui indiquent le sens même de la guerre aux yeux de ceux qui la font. Et vous avez raison, je ne suis pas seul, mais ce n'est pas la même chose que de procéder à cette énonciation pour le XVIᵉ siècle et pour notre contemporain, car ce sont nos grands-parents, nos parents qui alors sont en cause...

Alors, oui, il y a une part d'obscénité dans cette énonciation, une obscénité dont on peut percevoir nettement les effets lorsque l'on est en situation de communication orale (cours, conférence...) : un grand froid s'installe, un raidissement de l'auditoire se fait sentir, et ce froid, ce raidissement est en partie dirigé *contre vous*, ou tout au moins peut à tout moment se diriger contre vous. Car *obscenus*, en latin, signifie « de mauvais présage ». Celui qui énonce l'obscène de la guerre peut toujours être soupçonné de se complaire dans cette énonciation, voire d'annoncer ce qu'il énonce. C'est là une réaction parfaitement normale, et même saine, c'est la mienne également quand je suis dans l'auditoire et que j'écoute, par exemple, un historien que j'admire comme Christian Ingrao[5]. C'est là qu'il faut veiller à ce que l'on dit et à la manière dont on le dit : la lecture d'un témoignage particulièrement atroce exige ainsi de grandes précautions dans le ton. Quant aux images, à l'oral, je n'en montre pratiquement jamais.

---

5. Cf. Christian Ingrao, *Les Urgences d'un historien*, Paris, Cerf, 2019.

Cela étant dit, en termes de violences de guerre, rien n'est plus immoral à mes yeux que le déni.

HM : À présent, je voudrais vous demander à quel moment de votre carrière vous avez lu le grand historien militaire John Keegan et son fameux livre *Anatomie de la bataille* (1976) – son chef-d'œuvre assurément[6]. Car c'est ce livre qui, le premier, nous a appris à nous défaire du regard volontiers surplombant de l'histoire militaire traditionnelle, comme avec les récits d'histoire militaire à tonalité héroïsante ou aux attentions essentiellement techniciennes. John Keegan visait ainsi à retrouver tout autre chose : le combat de l'homme de rang, les gestuelles de violence déployées à même le théâtre de l'affrontement, le vécu intime et sensible du combattant pris dans le chaos du champ de bataille.

Avez-vous immédiatement compris tout le parti que vous pourriez et sauriez en tirer ? Jusqu'où John Keegan a-t-il été pour vous une sorte de détonateur ?

SAR : Je l'ai découvert lorsque sa traduction française est sortie chez Robert Laffont (traduction écourtée, d'ailleurs, de l'original paru en 1976), en 1993 par conséquent. Je n'avais pas lu l'original en anglais – *The Face of Battle* – mais Jay Winter, à Péronne, évoquait le livre devant nous en en signalant l'excellence. Pour ma part, j'ai vite compris qu'il s'agissait d'un livre d'exception, et que l'ouvrage permettait d'ouvrir, de forcer l'ouverture plutôt de ces objets qui m'intéressaient plus que tout mais si résolument

---

6. John Keegan, *Anatomie de la bataille*, *op. cit.*

fermés : la bataille, le combat. Et qu'il légitimait aussi, tout simplement, un intérêt facilement suspect, aussi bien moralement qu'historiographiquement.

HM : C'est de lui (n'est-ce pas ?) que vous tirez l'un des fondements de votre recherche, à savoir que la guerre est *un acte culturel* avant tout ? Ce qui marque, dans son cas, une prise de distance avec la trop fameuse définition de Clausewitz : « La guerre est la continuation de la politique par d'autres moyens » (*De la guerre*, 1832). Keegan lui reproche d'être ethnocentrique et d'oublier que, dans certaines cultures, la guerre n'est pas un domaine séparé comme en Occident, mais un mode de vie à part entière, l'expression d'une culture spécifique (comme dans le cas des samouraïs ou des cosaques).

Pouvez-vous expliquer en quoi la guerre est avant tout une activité culturelle ? Ce qui ne va pas de soi de prime abord...

SAR : Oui, c'est de lui, mais cette idée que « la guerre est un acte culturel[7] » est moins exprimée comme telle dans *The Face of Battle* que dans son *Histoire de la guerre*, parue en 1996 au Royaume-Uni (sous le titre *A History of Warfare*, un ouvrage très intéressant également mais « manqué »). Cette formule – certes excessive, dans laquelle Keegan révèle son hostilité foncière à la pensée de Clausewitz – m'a frappé comme la foudre, parce qu'elle rejoignait ce que j'éprouvais

---

7. Id., *Histoire de la guerre du néolithique à la guerre du Golfe*, *op. cit.*, p. 32.

moi-même à travers mon travail sur 1914-1918. Le politique ne pouvait en rendre compte, car la guerre, comme l'a si bien vu l'écrivain Léon Werth, « crée spontanément les idées qui lui sont nécessaires ». C'est cette eau-mère qui m'intéressait. Rappelons qu'elle produisait aussi un temps *autre*, absolument irréductible au temps de paix : si l'on perd de vue ce temps autre, ce temps subjectivé des acteurs sociaux engagés dans le conflit, on ne peut rien saisir de ce qui les animait, et donc on ne peut espérer comprendre la lourde charge de sens dont la guerre a été investie, et qui a été le grand moteur de sa prolongation, de son acharnement, de sa cruauté. Si la guerre n'avait pas été un « acte culturel », les sociétés belligérantes n'auraient pu en supporter la durée et les sacrifices.

Et puis, *Anatomie de la bataille*, c'était une prodigieuse leçon d'attention au corps guerrier. C'est là que Keegan touche à l'anthropologie : son attention aux gestuelles, aux atteintes à la barrière anatomique, aux fatigues combattantes, ce qu'Alain Corbin appellerait « le goût de l'histoire vraie ». À l'emplacement du corps combattant, histoire et anthropologie peuvent faire mieux qu'entrer en interlocution : une hybridation véritable devient possible. Le combat, si fermé aux historiens, devient alors un objet d'histoire. Je veux dire : un objet digne d'une historicisation. Car comme Keegan l'a montré de manière magistrale à la fin de *Face of Battle*, en dernière instance, ceux qui combattent le font avec tout ce qu'ils sont. Dès lors, ce qui se joue dans le combat dépasse celui-ci de toutes parts en termes d'effets de connaissance et d'intelligibilité.

HM : Peut-être souhaiteriez-vous dire un mot aussi de la découverte qui fut vôtre : à savoir, que l'approche du combat proposée par John Keegan devait en réalité beaucoup à celle qu'avait développée avant lui Charles Ardant du Picq, officier de troupe de grande expérience, qui laissa ses *Études sur le combat*[8] inachevées à sa mort en 1870, devant Metz.

SAR : Vous me forcez à en venir à une déception légère. Oui, c'est plus tard que je me suis rendu compte que la grille d'analyse que Keegan appliquait aux trois batailles qu'il étudiait (Azincourt, Waterloo et la Somme) – autour des couples agonistiques cavalerie contre cavalerie, cavalerie contre artillerie, cavalerie contre infanterie, artillerie contre infanterie, infanterie contre infanterie, etc. – cette grille qui déconstruisait si efficacement le récit « traditionnel » de bataille en rejetant tout à fait à l'arrière-plan le « résultat » de l'affrontement au profit de ce qui s'y était joué vraiment, que cette grille, donc, était reprise des *Études sur le combat* d'Ardant du Picq, ce livre inachevé qui reste pourtant l'un des plus pénétrants essais jamais écrits sur la bataille. Keegan, qui avait lu Ardant du Picq sans dire tout ce qu'il lui devait, est monté sur ses épaules, et fort de cet extraordinaire marchepied, a porté l'outil plus haut encore. Mais un tel miracle ne s'est jamais reproduit, et aucun des autres livres de John Keegan n'a jamais réussi à égaler son *Anatomie de la bataille*.

---

8. Charles Ardant du Picq, *Études sur le combat. Combat antique et combat moderne*, Paris, Economica, 2004.

HM : Venons-en à un autre auteur clé, George L. Mosse, cet historien que j'affectionne et que vous avez tant contribué à faire connaître, avec Bruno Cabanes et Annette Becker, dans les années 1990[9]. Quel rôle lui attribuez-vous dans ce renouvellement du regard porté sur le premier conflit mondial et plus généralement sur l'expérience de guerre ?

SAR : J'ai fait la connaissance de George Mosse lors d'une rencontre à Amiens, à la fin des années 1980, dans le cadre d'une journée de préfiguration de l'Historial de la Grande Guerre. Amené par Jay Winter, il prit la parole pour donner quelques conseils historiographiques pour la réalisation du futur musée. C'est là que j'ai entendu exprimer l'une de ses grandes idées : celle de « brutalisation » (au sens de « rendre brutal »), l'idée centrale de Mosse étant que les sociétés européennes avaient été « rendues brutales » par l'expérience prolongée de la guerre de 1914-1918. Il est difficile de rendre compte du choc qu'infligeait, si j'ose dire, la parole de Mosse, lui qui s'exprimait pourtant dans un français très approximatif. C'est cela, sans doute, l'intelligence historique.

J'ai lu ensuite *Fallen Soldiers* et, grâce à Caroline Leclerc, j'ai pu chez Hachette préfacer longuement la traduction de ce livre, pour la rédaction de laquelle j'ai dû évidemment traverser toute son œuvre (traversée

9. Voir ici le premier entretien de George Mosse en langue française, accordé à Bruno Cabanes : « Du baroque au nazisme. Une histoire religieuse de la politique. Entretien avec George Mosse », *Revue européenne d'histoire*, 1/2, 1994, p. 238. Voir aussi : Stéphane Audoin-Rouzeau, George Mosse, *in* V. Sales (dir.), *Les Historiens*, Paris, Armand Colin, 2003, p. 210-225.

d'ailleurs difficile car peu de ses livres étaient disponibles en France)[10]. Cette parution sonna le début de sa découverte française, par les historiens de la Première Guerre mondiale tout particulièrement.

George Mosse, je crois, a accru et légitimé l'attention portée à la violence. Violence du combat, bien sûr. Mais aussi conséquences de cette violence dans le long terme, et notamment au sein du champ politique. Naturellement, sa réception n'a pas été unanime (réception d'ailleurs très tardive, sans doute en raison de la « concurrence » malheureuse avec une autre découverte, celle de la pensée de Norbert Elias dans la seconde moitié des années 1970). À partir de la traduction de Mosse en français, ses intuitions (intuitions en effet, plutôt que démonstrations complètes…) se sont heurtées au socle d'euphémisation historiographique du discours et des pratiques des anciens combattants français, euphémisation si sensible dans la grande œuvre d'Antoine Prost. Elles se sont heurtées aussi à la thèse de la « contrainte ». Il est vrai que, très suggestive, la pensée de Mosse n'était pas suffisamment approfondie sur un certain nombre de points : la question de l'impact différentiel de la victoire et de la défaite sur les belligérants de 14-18 n'était guère envisagée ; et puis George Mosse a « manqué » le cas russe, pourtant emblématique d'une « brutalisation » extrême de la sortie de guerre et de la révolution par le retour massif des « capotes grises », ces soldats de l'armée tsariste transférant la violence du front

---

10. George L. Mosse, *Fallen Soldiers*, *op. cit.* Traduit en français sous le titre suivant : *De la Grande Guerre au totalitarisme. La brutalisation des sociétés européennes*, Paris, Hachette, 1999.

vers l'intérieur de la Russie, comme l'a magistralement montré Nicolas Werth. Bref, tout cela a nui à
sa réception en France, et pourtant, l'œuvre de Mosse
incarne une pensée globale de « notre temps » qui a
réussi à acquérir une surface considérable.

HM : Il n'y a d'ailleurs pas pour vous plus juste attitude d'historien que celle d'un George Mosse qui, bien
que Juif allemand, exilé et homosexuel, n'en chercha
pas moins à se mettre dans l'« œil du nazisme » et, pour
ce faire, à prendre des risques moraux et même parfois
physiques (en approchant d'anciens nazis), pour en
comprendre de l'intérieur la puissance de séduction[11].
« Pour faire de l'histoire, écrit-il, il faut toujours se
tenir en marge, décomposer froidement un mécanisme,
ne pas adopter une attitude de victime, si difficile que
cela puisse être avec des mouvements qui vous ont été
hostiles, comme le national-socialisme[12]. » Qu'est-ce
qui fait à vos yeux tout le prix de ce positionnement ?

SAR : Il me semble tout d'abord que le travail
en sciences sociales sur les phénomènes extrêmes
ne peut aller, tout de même, sans un minimum de
courage personnel. Il y aurait quelque indécence à

---

11. Entre autres ouvrages : George L. Mosse, *L'Image de l'homme.
L'invention de la virilité moderne*, Paris, Pocket, 1996. Voir aussi *The
Nationalization of the Masses: Political Symbolism and Mass Movements
in Germany from the Napoleonic Wars through the Third Reich*, New
York, Cornell University Press, 1975 et *Nationalism and Sexuality:
Respectabilility and Abnormal Sexuality in Modern Europe*, New York,
Howard Fertig, 1985.

12. Id., *Confronting History: A Memoir*, Madison, University of
Wisconsin Press, 2013.

ne penser qu'à sa propre sécurité lors de l'étude de phénomènes historiques qui ont mis tant et tant d'acteurs sociaux en situation d'insécurité absolue, ne croyez-vous pas ? C'est en ce sens que l'absence d'inhibition d'un George Mosse face au nazisme – face aux anciens nazis devrais-je dire – a sans doute une valeur heuristique. En « histoire du temps présent », caractérisée par la coprésence des acteurs sociaux et des chercheurs, tout comme en sociologie ou en anthropologie, peut-on se passer d'essayer d'approcher les premiers au plus près ? La fameuse injonction qu'en son temps Marc Bloch lança aux historiens – « comprendre » – me semble ici s'appliquer à plein...

HM : Vous avez longuement étudié dans *Combattre* (2008) le long silence et l'étrange cécité des chercheurs en sciences sociales à l'égard du phénomène guerrier, quand bien même certains, et parmi les plus célèbres (Marcel Mauss, Edmund Leach, Edward Evans-Pritchard, etc.), avaient longuement porté les armes et connu de près l'expérience du feu. Que n'ont-ils pas su voir ? Qu'en reste-t-il aujourd'hui ?

SAR : Oui, leur silence presque général constitue une malédiction pour les historiens de la violence de guerre contemporaine, comme moi. Résumons : la tension de recrutement des deux guerres mondiales a fait qu'un certain nombre de *social scientists* européens, jeunes encore, se sont trouvés immergés dans l'expérience combattante. Cela s'est reproduit à nouveau lors de la guerre d'Algérie.

Or, ces historiens, sociologues, anthropologues n'ont que très peu évoqué cette expérience traversée à la première personne (à cet égard, Marc Bloch constitue une exception). Pourquoi un tel silence ? On ne peut que proposer des hypothèses, car les silences s'expliquent généralement avec difficulté. L'anthropologue Jean-Pierre Warnier, dont j'ai beaucoup appris (mais après avoir publié *Combattre*, malheureusement, dont il me faudrait réécrire le dernier chapitre...), m'a fait remarquer que chez les anthropologues et sociologues tout particulièrement, une sorte de sur-exigence portant sur le choix du *terrain* de recherche s'était imposée lors de la première moitié du XXe siècle, sur-exigence qui excluait absolument tout lien autre que « scientifique » avec le terrain en question. L'anthropologue britannique Alfred Radcliffe-Brown aurait joué sur ce point un rôle décisif. Dès lors, un retour réflexif sur une expérience personnelle nécessairement très affectée, avec mise en œuvre des différents outils disciplinaires, n'était pas scientifiquement envisageable : on ne pouvait être l'anthropologue ou le sociologue de sa propre expérience, de soi-même en quelque sorte. En outre, il convient de ne pas oublier que, comme d'autres vétérans des deux guerres mondiales, les *social scientists* ayant traversé l'expérience du combat ont pu être saisis par la « pulsion de silence » qui souvent saisit les rescapés des épreuves extrêmes.

Quoi qu'il en soit, leur silence quasi général, à peu de chose près, a privé les historiens du fait guerrier contemporain d'un socle analytique solide venant de l'*intérieur* des spécialistes des sciences sociales : ce sont ainsi des historiens sans expérience de la guerre qui se sont trouvés en situation de l'analyser. Redoutable paradoxe...

HM : Dans l'exploration de toutes les formes de déni, de refus de voir, d'aveuglement à l'égard du fait guerrier, vous faites toutefois un sort à part au grand sociologue allemand Norbert Elias et à son *opus magnum Le Processus de civilisation* (1939). Vous voyez en effet en lui le plus séduisant obstacle au déploiement d'une histoire des violences de guerre au xxe siècle[13]. Pour quelles raisons au juste ?

SAR : Je n'ignore pas que nous sommes ici en désaccord au moins partiel. Ma position est simple. Quelle que soit la forme de « tendresse » que j'éprouve pour Norbert Elias, chassé d'Allemagne et de son poste universitaire par le nazisme, réfugié en Angleterre et y vivant toutes les difficultés des exilés, lui dont la mère restée en Allemagne fut assassinée à Auschwitz, je ne suis nullement convaincu par la théorie, si brillante pourtant, si séduisante même, du « procès de civilisation ».

Je serais tenté de dire que comme d'autres grands esprits inventeurs d'une « clef » explicative du social – et quelle clef, dans le cas d'Elias ! –, ce dernier a forgé dans le même mouvement la serrure permettant à cette clé de fonctionner. Ainsi, il me semble que la théorie du procès de civilisation n'est probante que dans certains « compartiments » du social... ceux

---

13. Stéphane Audoin-Rouzeau, « Norbert Elias et l'expérience oubliée de la Première Guerre mondiale », *in* Quentin Deluermoz (dir.), *Norbert Elias et le* xxe *siècle. Le processus de civilisation à l'épreuve*, Paris, Perrin, 2012.

qu'étudie de près Norbert Elias, précisément. Mais
celui-ci échoue devant la violence contemporaine,
celles des deux guerres mondiales en particulier,
violence qu'il avait connue de près sous l'uniforme
allemand en 1914-1918. Mieux : la publication du
Procès de civilisation[14] à la veille de l'éclatement de
la Seconde Guerre mondiale me paraît toucher au
déni de réalité : il suffit de lire la conclusion pour
s'en convaincre.

Alors, je sais bien que les défenseurs d'Elias ont
souligné les adaptations apportées tardivement à son
œuvre, autour de la notion de « *breakdown de civilisation* » et de « décivilisation »[15] : mais je considère
ces adaptations comme sommaires et particulièrement
non convaincantes, contrairement au travail effectué
par exemple par le politiste Abram de Swaan autour
de la notion de « dyscivilisation[16] », et qui souligne
que le « procès de civilisation » peut se poursuivre
dans certains compartiments du social, alors que dans
d'autres, parallèlement, se développe un processus en
sens opposé. C'est la leçon du nazisme en Allemagne...

Au total, je crois que la pensée d'Elias ne nous
équipe pas pour *penser* la violence de guerre de notre
contemporain, qui est mon objet d'étude. Norbert

---

14. Norbert Elias, *Über den Prozess der Zivilisation* [1939], Paris,
Surkhamp, 2010. Traduction française en deux volumes distincts :
La Civilisation des mœurs [1973], Paris, Calmann-Lévy, 1989 et *La
Dynamique de l'Occident* [1975], Paris, Presses Pocket, 1991.

15. En traduction française : Norbert Elias, *Les Allemands. Luttes
de pouvoir et développement de l'habitus aux XIXᵉ et XXᵉ siècles* [1990],
Paris, Seuil, 2017.

16. Abram de Swaan, « Dyscivilization, Mass Extermination and the
State », *Theory, Culture & Society*, 18/2-3, 2001, p. 265-276.

Elias échoue à la comprendre, comme le montrent certains contresens évidents du *Procès de civilisation*. Cela ne signifie pas que dans d'autres domaines, son œuvre ne soit pas du plus haut intérêt, et je suis frappé par l'usage très fécond qu'en font les sciences sociales contemporaines. Mais la question de la guerre, de sa violence, la question de l'extermination et de la cruauté me paraissent hors d'atteinte de sa pensée du social.

HM : Permettez-moi de rebondir, un peu longuement. Car je crois ce désaccord partiel des plus intéressants en réalité[17]. Je voudrais rappeler tout d'abord que toute la théorie du processus de civilisation n'est pas touchée par votre critique – elle qui ne s'occupe pas seulement des transformations de l'agressivité, mais aussi et surtout de l'évolution des contacts corporels, des seuils de pudeur, des frontières de l'intime.

Par ailleurs, et si je vous suis pleinement sur l'enrichissement apporté par Abram de Swaan à la théorie de son maître, Norbert Elias, je ne trouve pas que la notion de « brutalisation » chère à George Mosse apporterait alors une plus-value bien supérieure à celle de « décivilisation » proposée par le dernier Elias pour penser la séquence 1914-1945, soit ce moment de hausse brutale des seuils de tolérance à la violence en Europe. Dans les deux cas, il s'agit de décrire la façon dont les hommes, confrontés à cette grande guerre civile européenne de près de trente ans, ont été rendus

---

17. Pour de plus amples développements : Hervé Mazurel, *L'Inconscient ou l'Oubli de l'histoire. Profondeurs, métamorphoses et révolutions de la vie affective*, Paris, La Découverte, 2021, p. 337-348.

plus brutaux du fait d'une accoutumance accrue à l'exercice de la violence et au spectacle de la mort alentours.

Mais là n'est pas le plus intéressant de l'affaire. Vous avez pointé, et à raison, ce que beaucoup de biographes d'Elias n'ont pas su voir : un traumatisme psychique hérité des champs de bataille de la Grande Guerre. Celui-là même que vous avez su repérer dans *Norbert Elias par lui-même*, dans ce « blanc de mémoire » ou cette difficulté manifeste d'Elias à raconter son expérience de la Grande Guerre[18]. Mais, d'un diagnostic de trauma de guerre, rendu évident grâce à vous, vous avez avancé ensuite l'hypothèse (elle aussi très séduisante) d'un évident *déni de la guerre* lové au tréfonds de la théorie du processus de civilisation, ce qui vous amené à considérer Elias comme un obstacle à la compréhension du fait guerrier.

Mon jugement se voudrait plus mesuré. Je crois qu'il faut penser le phénomène guerrier *avec* et *contre* Elias. Certes, son œuvre n'est pas d'un grand recours à qui veut regarder « de fort près, et bien en face[19] » – ou « sans ciller » comme dirait Christian Ingrao – les gestuelles de violence et les pratiques de cruauté qui se déploient dans l'activité guerrière (elle qui est, tout entière, centrée sur le contrôle pulsionnel et la pacification des conduites sur la longue durée – ce qui le rend d'ailleurs particulièrement habile à penser cet objet paradoxal qu'est la guerre froide). Mais la Grande Guerre n'est pas l'objet d'un oubli

---

18. Norbert Elias, *Norbert Elias par lui-même*, Paris, Fayard, 1991.
19. Stéphane Audoin-Rouzeau, *Combattre*, *op. cit.*, p. 319.

aussi profond que cet entretien de 1984 ne semble le suggérer. Un autre récit autobiographique, assez méconnu il est vrai, datant de la fin octobre 1987, voit Elias s'exprimer de manière bien plus précise sur son expérience de la Première Guerre mondiale[20].

Loin d'être absente de l'œuvre, la guerre est abordée d'une façon bien plus directe dans des livres où, il est vrai, on l'attend le moins. Singulièrement dans *Engagement et distanciation* ou dans *Logiques de l'exclusion* – sinon dans cette conférence tardivement traduite *Humana conditio*[21]. Comme vous, et s'inspirant de Freud, Elias accorde d'ailleurs au mécanisme psychologique du « narcissisme des différences mineures » un rôle déterminant dans la maturation de la haine et le déclenchement des conflits. Mais surtout, et ma question est là, l'essentiel tient dans la place centrale qu'Elias accorde au phénomène de « la curialisation des guerriers » dans *Le Procès de civilisation*. Or il me semble que vous ne prêtez pas suffisamment attention à cet élément décisif dans sa théorie.

Car la maîtrise des gens de guerre et de leurs excès de violence est précisément érigée par Elias en condition *sine qua non* de tout processus de civilisation,

---

20. Il s'agit de la retranscription d'un long entretien que Norbert Elias accorda pour une émission télévisée de la chaîne allemande ZDF et qui a donné lieu à un livre : Norbert Elias et Hans-Christian Huf, *Norbert Elias : Im Gespräch mit Hans Christian Huf*, Berlin, Ullstein, 1999. Il a été traduit et publié en France en 2016 sous le titre *J'ai suivi mon propre chemin*.

21. Norbert Elias, *Engagement et distanciation. Contributions à la sociologie de la connaissance*, Paris, Fayard, 1983 ; *Logiques de l'exclusion* [1965], Paris, Fayard, 2001 ; *Humana conditio* [1985], Paris, EHESS, 2016.

qu'il s'agisse de celui qui a façonné sur le temps
long les mœurs européennes ou d'un autre type,
ailleurs[22] – car il est des processus de civilisation
différents d'une aire culturelle à l'autre. Au point
qu'on est en droit d'émettre l'hypothèse que c'est là
l'enseignement premier que le sociologue a tiré *de
sa guerre*. En quoi l'accent porté sur le refrènement
des guerriers à l'époque moderne peut selon nous
être lu à deux niveaux, étroitement corrélés : comme
une leçon directement héritée de son expérience du
front, d'une part, et, de l'autre, comme un message
envoyé depuis l'exil londonien à ses contemporains
dans l'atmosphère, si chargée de haine et grosse de
conflits, du milieu des années 1930, moment où il a
rédigé son livre[23]. Et qui explique d'ailleurs peut-être

---

22. « Partout où l'on rencontre des processus de civilisation de quelque
importance et de quelque étendue, on observe, au cœur des mécanismes
déclenchant des changements d'*habitus*. Ils peuvent évoluer plus ou moins
rapidement, ils peuvent se faire en un seul mouvement ou s'accomplir
en plusieurs poussées successives, la curialisation durable ou passagère
des guerriers est, pour autant que nous puissions en juger, une des conditions sociales élémentaires de tout mouvement de civilisation de quelque
importance » (Norbert Elias, *La Dynamique de l'Occident, op. cit.*, p. 234).

23. Sans doute est-ce en ce sens qu'il faut *aussi* lire l'étrange conclusion
du *Processus de civilisation*. Pour nous qui connaissons la fin de l'histoire
et n'écrivons pas au milieu des années 1930, celle-ci paraît pour le moins
irénique et dérisoire, en ce qu'elle ose dessiner à la veille de l'immense
conflagration à venir un horizon (certes lointain) de coopération généra-
lisée entre les hommes. Ses écrits de maturité, cependant, témoignent de
la perte de cet optimisme juvénile, lui qui, retrouvant des accents freu-
diens, déclare en 1985 dans l'*Humana conditio (op. cit.)* que « la guerre
semble le sort éternel de l'humanité ». Reste que, pour Elias à la fin
des années 1930, l'urgence était, semble-t-il, de dire à ses contemporains
ce qu'il leur en coûterait de renoncer une seconde fois en vingt ans aux
innombrables bienfaits de la paix et de la civilisation.

aussi la tonalité pacifiste de cette conclusion qui vous irrite profondément, je crois.

SAR : Très bien, polémiquons donc un peu. Mais avant d'entrer dans le champ de notre « désaccord », je voudrais tout d'abord dire une chose : on ne connaît – ce qui s'appelle *connaître* – jamais suffisamment la pensée d'un « grand esprit », et Norbert Elias en était un, indiscutablement. Et il me faut admettre que vous avez atteint une maîtrise de la pensée d'Elias infiniment supérieure à la mienne, comme je m'en suis fort bien rendu compte à la lecture de votre dernier livre, *L'Inconscient ou l'oubli de l'histoire*. À dire vrai, en ce qui me concerne, je ne me suis vraiment intéressé à Elias que pour une part – la *part d'ombre*, en quelque sorte – qui n'est pas, sans doute, la plus importante de son œuvre.

J'en viens maintenant à votre premier point : le fait qu'à travers la guerre, ma mise en cause du « procès de civilisation » ne touche pas l'essentiel, qui a trait, comme vous le résumez très bien, à l'évolution des contacts corporels, aux seuils de pudeur, aux frontières de l'intime. Je n'en suis pas si sûr, en fait. Je ne suis pas convaincu par la thèse, tardive là encore, du « décontrôle contrôlé », permettant d'expliquer, par exemple, le recul croissant de la pudeur corporelle au sein de l'espace social. Mais passons sur ce point. Sur un autre qui m'intéresse davantage – le « processus de sportisation » –, qui aurait vu la brutalité reculer tendanciellement avec le passage des « jeux » aux « sports » – il me semble que là encore la pensée

d'Elias est trop sommaire[24]. Sommaire à l'égard de
ce qui se joue, ou peut se jouer, dans le sport du point
de vue des pratiquants, de même que dans le *spectacle*
du sport lui-même ; sommaire et dogmatique, aussi,
pour ce qui concerne les évolutions de fond. Car alors,
comment rendre compte du fait que dans les sports
de combat, se soit affirmé depuis quelques années
le phénomène des matches de *free-fight*, au prix de
règles minimales, et où le choc des protagonistes est
d'une extrême violence ? Cette prégnance d'une brutalité « sportive » nouvelle, et l'immense succès public
qu'elle rencontre dans les pays occidentaux, reste inex-
plicable dans le cadre du « processus de sportisation »
développé par Elias.

Sur la Grande Guerre – et je tiens cet ajustement
de vous –, je reconnais tout à fait que celle-ci a été
moins oubliée par Elias que je ne l'ai cru, même si
je persiste à dire qu'il n'a pas tiré toutes les conséquences intellectuelles de cette expérience absolument
fondamentale. Quant à la « curialisation des guerriers », votre hypothèse selon laquelle une boucle de
rétro-interprétation aurait permis à Elias, à partir de
son expérience militaire du premier conflit mondial,
de penser la maîtrise nouvelle des gens de guerre
par les États à l'époque moderne, me paraît très
stimulante, encore que difficile à prouver. Mais je
m'intéresse au moins autant aux limites de cette
curialisation qui, pour l'époque contemporaine, me
paraissent assez évidentes. N'aurait-elle pas dû l'être

---

24. Norbert Elias, Eric Dunning, *Sport et civilisation. La violence
maîtrisée* [1986], Paris, Presses Pocket, 1994.

pour Elias également, lui qui a vu de près le rôle joué
par les corps francs dans les débuts de l'Allemagne
de Weimar (un de ses camarades en a d'ailleurs été
victime) ? Il me semble à cet égard que le XXᵉ siècle
est *aussi* le moment de guerriers autonomes, ou largement autonomes, déployant librement leur violence
radicale ; en outre, même les guerriers « curialisés »
du XXᵉ siècle ne débordent-ils pas de toutes parts
les limites posées par les États (y compris démocra-
tiques) à l'exercice de la violence de guerre ? Ainsi
les troupes américaines de la guerre du Pacifique et
du Vietnam ; ou les soldats français en Algérie.

Quant à la conclusion du *Procès de civilisation*,
rédigée à la veille de la guerre et où l'auteur semble
annoncer, dans la sphère des relations interétatiques,
une sorte de parousie, je reconnais que je ne peux
la pardonner tout à fait à Elias. Je vous concède
que nous « connaissons la suite » et que lui ne
la connaissait pas... Encore que : les contemporains
de la fin des années 1930 connaissaient largement
cette « suite », à commencer par beaucoup d'Allemands comme Sebastian Haffner dans sa fameuse
*Histoire d'un Allemand*²⁵, rédigée elle aussi en exil en
1939, dans laquelle sa prescience de la catastrophe
est telle que lors de sa publication posthume en 2000,
certains en Allemagne ont crié à l'imposture, persuadés
qu'il s'agissait d'un écrit *ex-post*. Et puis, en France,
le jeune Raymond Aron aussi connaissait la « suite »,
n'est-ce pas ? Il me semble tout de même qu'il n'est
pas illégitime d'exiger de ceux qui consacrent leur vie

---

25. Sebastian Haffner, *Histoire d'un Allemand*, Arles, Actes Sud, 2014.

aux sciences sociales un minimum de *lucidité* sur ce
qu'il se passe sous leurs yeux. Sinon, à quoi bon ? Ce
déni de guerre à la veille de la guerre, oui, je continue
d'en faire le reproche à Norbert Elias...

IV

LE SOLDAT,
DU CORPS À LA PSYCHÉ

HM : Il est un fil d'Ariane qui court tout au long de votre œuvre, c'est celui du corps. Vous y revenez toujours, comme en lieu sûr. C'est de lui que vous êtes parti pour redéployer toute l'historiographie de la Grande Guerre et, plus généralement, celle du phénomène guerrier. Parce que le corps est précisément pour vous au cœur d'un processus inconscient de déréalisation ou d'occultation des expériences concrètes du champ de bataille. Lors même, écrivez-vous dans *Combattre*, que « c'est d'abord sur les corps, dans les corps, que l'activité combattante s'inscrit[1] ».

SAR : Sans nos corps, nous ne sommes rien, bien évidemment. Cela justifie de s'y intéresser un peu, et de sortir de la fausse évidence du corps (nous en avons tous un, et donc il n'y aurait rien à en dire...). Il me semble d'ailleurs que notre vie privilégiée, au sein des pays riches, favorise puissamment un tel « oubli »

---

1. Stéphane Audoin-Rouzeau, *Combattre*, *op. cit.*, p. 239.

de la corporéité : faute de connaître la faim, la soif, la menace vitale permanente, l'épuisement corporel, l'absence de sommeil, la douleur extrême de l'atteinte à la barrière anatomique – toutes choses courantes pour les soldats, mais aussi pour tant d'habitants des pays pauvres, tant de SDF dans nos villes, etc. –, nous ne voyons pas ce qu'il y a à dire de la corporéité, sexualité mise à part, bien entendu. Or, il me paraît bon, personnellement, de ne jamais perdre de vue ce que Françoise Héritier appelait « le socle biologique de notre humanité ». Et ce n'est pas seulement l'histoire de la guerre qui s'est trouvée comme dévitalisée par cette absence des corps : c'est le cas d'une grande partie de notre historiographie, qui m'apparaît souvent comme une série de maisons vides.

HM : Pensez-vous que nous en ayons fini, une bonne fois, avec cette forme de pudeur historiographique qui, en occultant les corps, a trop longtemps aseptisé l'histoire de la guerre et nous l'a rendue, ce faisant, pour partie incompréhensible ?

SAR : Votre question m'embarrasse. En avons-nous fini avec une historiographie « à corps absents » ? Je ne sais pas. Mais je doute qu'en sciences sociales – en histoire donc – certains franchissements de « seuils de pudeur » puissent être définitifs.

HM : Avant d'en venir aux dégâts physiques et aux blessures épouvantables générés par l'armement moderne, j'aimerais qu'on parte du façonnement du corps des soldats et des extrêmes fatigues qui sont souvent les leurs. Vous n'employez pas souvent le terme *habitus*. N'y aurait-il pas pourtant quelque plus-value scientifique à parler d'« *habitus* guerrier » pour décrire cette sorte de « culture faite corps » produite par les institutions militaires, celle qu'a notamment décrite Odile Roynette dans son livre sur le façonnement du corps des soldats dans les casernes françaises après la défaite de 1870[2] ?

SAR : Je n'ai jamais songé à employer ce terme, et vous êtes le premier, je crois, à me le suggérer ! Tout le problème étant, je crois, que le mot *habitus* a été en quelque sorte préempté par Pierre Bourdieu, qui me semble en avoir fait dévier la signification originelle dans un sens beaucoup moins corporel et beaucoup plus social (au sens des *classes* sociales). Pour employer le terme après lui dans le champ de la guerre et de ses violences, il aurait fallu le redéfinir assez largement sans que cela puisse effacer pour autant l'impression d'une forme d'allégeance à un courant sociologique que j'apprécie, comme vous vous en doutez, assez peu. En outre, cela m'aurait demandé des capacités théoriques qui me font cruellement défaut...

HM : C'est en effet une notion très ancienne que celle d'*habitus*, laquelle vient d'Aristote, passe par Thomas d'Aquin, avant d'être utilisée par des auteurs modernes qui vous plaisent davantage – je pense notamment à Marcel Mauss, auquel vous

---

2. Odile Roynette, « *Bons pour le service* ». *L'expérience de la caserne en France à la fin du XIXe siècle*, Paris, Belin, 1999.

reprenez la notion de « techniques du corps ». Si
vous me le permettez, je crois qu'il y aurait là
une notion intéressante pour les historiens du fait
guerrier. Une notion à même d'éclairer, en premier
lieu, les processus d'inculcation à l'œuvre dans
la formation des soldats – le *drill* notamment. Ce
qui est visé chaque fois chez les recrues, c'est en
effet l'intériorisation la plus profonde possible de
postures, de gestes et de disciplines spécifiques qui
puissent leur permettre justement, lors des revues
de troupe, des marches, mais surtout pendant
le combat, d'« agir sans y penser » comme dirait
Bourdieu[3]. Or cette logique de la pratique, elle
n'est possible qu'une fois le monde militaire inscrit
avec succès (à force d'entraînement) *dans* les corps
des soldats. Ensuite, celle-ci permettrait aussi de
mieux décrire les différents *styles* guerriers d'hier et
d'aujourd'hui, d'ici et d'ailleurs. Je veux parler de
ces manières spécifiques de se tenir au combat et de
ces techniques du corps militaire qui varient d'une
société l'autre, mais s'inculquent et s'hybrident
aussi, notamment dans le cadre des armées coloniales, et ce non sans résistances. J'ajouterai que ces
habitus combattants sont toujours imprégnés d'un
ethos guerrier, d'un système de valeur particulier,
profondément intériorisé.

SAR : Ce que vous dites me paraît très convain-
cant, tout au moins en première analyse. Ce que vous

---

3. Pierre Bourdieu, *Le Sens pratique*, Paris, Minuit, 1980. Nous nous
référerons surtout ici à la théorie de l'*habitus* affinée déployée dans ce
livre essentiel : Id., *Méditations pascaliennes*, Paris, Seuil, 1997.

soulignez avec pertinence n'est sans doute rien d'autre qu'une lacune de mon travail, qui, comme me l'a fait remarquer récemment Christian Ingrao, a su se lier à l'anthropologie mais non à la sociologie. Je me suis donc probablement privé d'un outil sémantique et, au-delà peut-être, d'un outil d'analyse, ce qui est plus grave. En sciences sociales, tout est toujours à améliorer, à compléter, sinon à refaire...

HM : De Michel Foucault à Georges Vigarello[4], on a souvent insisté sur le rôle matriciel de la caserne dans cette idéologie occidentale au long cours et particulièrement diffuse du « corps redressé » – la rectitude du corps du soldat préparant sa rectitude morale. Sur les champs de bataille des guerres napoléoniennes, vous l'expliquez dans votre contribution à l'*Histoire du corps*, étaient stigmatisées toutes les conduites visant à se soustraire trop ouvertement au feu ennemi[5]. C'est ainsi qu'on enseignait aux jeunes recrues à ne pas baisser la tête, ni à la rentrer dans les épaules sous la mitraille – car c'était un honneur de faire face au feu ennemi. Il y avait là aussi un certain *ethos* de combat, reposant sur une *hexis* corporelle toute de verticalité, par laquelle on signifiait son courage face à la mort. Et puis le xxe siècle a tout changé. Que s'est-il passé au juste ?

---

4. Michel Foucault, *Surveiller et punir*, Paris, Gallimard, 1975 et Georges Vigarello, *Le Corps redressé*, Paris, Armand Colin, 1978.

5. Stéphane Audoin-Rouzeau, « Massacres. Le corps et la guerre », *in* Alain Corbin, Jean-Jacques Courtine, Georges Vigarello (dir.), *Histoire du corps*, *op. cit.*, vol. 3, p. 281-320.

SAR : Cet *ethos* du corps redressé n'est pas propre à l'Occident moderne. On en retrouve bien des aspects comparables ailleurs, par exemple dans les arts martiaux japonais traditionnels dans lesquels la tenue du dos constitue une exigence corporelle et psychique essentielle.

Alors, *ethos* en effet, car cette rectitude de l'ancienne posture combattante en Occident n'est pas seulement une exigence d'efficacité sur le champ de bataille. Elle l'est, certes, car elle conditionne l'alignement de la ligne de combat, l'homogénéité du tir, la complexité des opérations de rechargement des armes, la tenue du rang dans la main des officiers... Mais au-delà, c'est en effet, comme vous le dites, une forme de rectitude morale qui est recherchée et qui est à la fois signalée et provoquée par cette *hexis* corporelle face au danger. Mais à partir du premier seuil de modernisation technologique en Europe et en Amérique (disons, au cours des années 1850-1870), la dangerosité accrue du champ de bataille impose la dispersion des hommes tandis que les nouveaux fusils permettent de renoncer à la position debout pour le tir et le rechargement des armes (position debout impérative au temps du fusil à poudre qui se charge par la gueule et non par la culasse). Le magnifique travail d'Ardant du Picq, si rayonnant d'intelligence, est le résultat des interrogations que produit une telle évolution au sein du commandement. Le deuxième seuil technologique – celui des années 1890-1900, surplombées par l'hécatombe massive de la Grande Guerre – signe l'avènement de ce que j'appelle le « soldat couché », qui ne peut espérer survivre à la létalité du champ de bataille que s'il fait corps, littéralement, avec le sol. Nous restons, me semble-t-il, dans cette configuration. Cela me paraît une mutation majeure en termes d'anthropologie de la guerre et du combat.

HM : Dans ce passage du corps redressé au corps couché, n'est-ce pas aussi tout le modèle militaro-viril, si prégnant au XIXᵉ siècle dans le façonnement des identités masculines, qui s'est trouvé durablement affecté ?

SAR : Ce serait sans doute trop simple. Si l'*ethos* du corps redressé a été brisé au titre de pratique de combat sur les champs de bataille de la seconde moitié du XIXᵉ et de la première moitié du XXᵉ, il n'a pas cédé si rapidement : les officiers français confrontés aux murs de balles de l'été 1914 croient par exemple de leur devoir de rester debout, immobiles, alors que leurs hommes se couchent... C'est ainsi qu'ils se font tuer. Et l'on voit quelques comportements identiques à Omaha Beach, le 6 juin 1944. Et puis, n'oublions pas que cet *ethos* du corps redressé s'est maintenu intact dans ce que l'on appelle en France l'« ordre serré ». Au sein des armées occidentales, certes, mais aussi au sein des forces de guérilla, qui éprouvent le besoin de mettre en œuvre un minimum de *drill* à base de « corps redressé »... Alors, ce modèle militaro-viril s'est-il effacé ? En conclusion de l'un de ses grands livres (*L'Image de l'homme. L'invention de la virilité moderne*, 1997[6]) George Mosse affirmait qu'« en tant que ciment de la société moderne,

6. George L. Mosse, *L'Image de l'homme*, *op. cit.*.

il sera difficile à vaincre ». « L'Histoire pèse de tout son poids », ajoutait-il. Malgré tant d'évolutions récentes, je reste de cet avis.

HM : Dans ce livre pionnier sur l'histoire des masculinités, il a montré en effet le rôle majeur de la figure du soldat et du « mythe de guerre » dans l'avènement de cet idéal masculin à l'époque des guerres de la Révolution et des conflits napoléoniens. Soit un modèle de virilité au long cours, avant tout incarné par le soldat-citoyen, mais peut-être plus encore par la figure de l'engagé volontaire, qui ne subit pas la guerre mais va au-devant du risque mortel et de son baptême du feu. Essentiel dans cette dynamique sociohistorique est aussi pour George Mosse le rôle de la camaraderie de guerre[7]. Ces fraternités combattantes vous ont, à votre tour, beaucoup intéressé. En particulier, ce qu'on appelle le « groupe primaire ». Cette manière si spécifique de « faire corps » sur le théâtre des opérations militaires.

SAR : Oui, la guerre est décidément liée à une certaine « image de l'homme », comme disait Mosse, particulièrement attentif aux volontaires de guerre, plus exactement à leur *mythe*, véhicule d'une fascination persistante pour la guerre elle-même. Une fascination qui n'a cédé, d'après Mosse, qu'après le désastre du second conflit mondial. L'effusion fraternelle des « hommes qui vont au combat ensemble », pour reprendre une expression trouvée autrefois dans

---

7. Id., *De la Grande Guerre au totalitarisme, op. cit.*

un journal de tranchées, surtout lorsqu'ils étaient *volontaires* pour le faire, a constitué à ses yeux la matrice qui a permis la survie prolongée de ce mythe.

Mais pour ma part, c'est sous un autre angle que je m'intéresse aux « groupes primaires », pour reprendre une expression de la sociologie militaire américaine de la Seconde Guerre mondiale que l'on peut aisément transférer sur le conflit précédent. De quoi s'agit-il, en effet ? Sur le champ de bataille moderne, un homme isolé voit ses chances de survie drastiquement réduites : qui l'aidera dans un moment dangereux ? Qui lui portera son sac lors d'un coup de fatigue ? S'il est blessé, qui ira le chercher sous le feu ? Et puis, qui viendra lui parler lors de l'un de ces moments de cafard comme tous les soldats en connaissent, à la guerre ? Seuls les « camarades », comme on disait en 1914-1918, constituent la frêle assurance-vie du soldat. Les liens qui se forgent là, au sein d'une poignée d'hommes, sont d'une force indicible, et sans doute ne pouvons-nous pas en traduire complètement la richesse. Je ne saurais l'expliquer, mais à titre personnel, je vois dans cette fusion d'êtres humains exposés au risque vital quelque chose de bouleversant...

HM : Vous avez toujours porté une attention toute particulière aux agressions sensorielles du champ de bataille et à leurs mutations historiques. Je pense, pour 14-18, à celles du paysage sonore notamment (les cris des blessés dans le *no man's land*, le *tac-tac-tac* obsédant des mitrailleuses, les bombardements incessants de l'artillerie) mais aussi à l'effraction de certains spectacles visuels (corps mutilés et/ou en putréfaction, cadavres de chevaux, villages détruits, forêts pulvérisées, etc.). Cette attention aiguë portée au sensoriel, ne serait-ce pas chez vous la voie d'accès privilégiée qui mène du corporel au psychique ?

SAR : Il faut bien comprendre, je crois, que quelle que soit l'attention que l'on peut, que l'on doit porter au corps, le corps « tout seul » n'est rien. Attention ici au « corps-mannequin », comme l'appelle l'anthropologue Jean-Pierre Warnier, dont j'ai tellement appris. Le corps n'est rien sans les pratiques motrices, et il n'est rien sans les sens en particulier. Les sens qui ne sont pas au nombre de cinq comme on le croit généralement, mais de neuf : aux cinq sens « traditionnels », il faut en effet ajouter le sens « algique » (la perception de la douleur), la thermoception (la perception des températures), le sens de l'équilibre, enfin celui de la proprioception (la perception, consciente ou non, des différentes parties du corps). Sans les deux derniers, nous ne pourrions tout simplement pas nous mouvoir... Les pratiques motrices qui, à la guerre, m'intéressent tant, sont évidemment étroitement conditionnées par l'expérience des sens. Des sens dont les capacités perceptives peuvent être absolument débordées par l'intensité de l'expérience, expliquant que des soldats puissent s'endormir, en 1914-1918, sous le bombardement lui-même. Les sens sont évidemment la voie d'accès aux représentations. Mais tout cela doit être étudié *ensemble* : l'anthropologue Jean-Pierre Warnier – encore lui – parle de « pratiques sensori-affectivo-motrices[8] » : tout mouvement engage les sens et mobilise des affects, et c'est encore plus vrai sur un champ de bataille, lorsque le danger vital est extrême. Et il n'est pas difficile d'ajouter la dimension psychique à tout cela...

HM : Ici gît toutefois une question redoutable et trop rarement posée : pensez-vous que les seuils de souffrance psychique des soldats se sont déplacés ou non dans le temps ? À propos des traumatismes psychiques de guerre, le psychiatre militaire Louis Crocq considère que les combattants de 14-18 étaient en réalité tout aussi sujets aux blessures psychiques que ceux de la guerre d'Algérie ou de la guerre du Vietnam[9]. Par là, la relative faiblesse des « pertes psychiques » durant la Grande Guerre ne ferait que refléter la sensibilité des services médicaux et la grande pudeur des combattants à (s')avouer ce qui était pour eux source de honte. Mais ne peut-on, au contraire, avancer que des individus vivant comme nous dans des sociétés bien plus protégées qu'autrefois, où la guerre se fait plus rare ou lointaine et où la familiarité avec la mort s'est perdue, le passage et l'adaptation à un univers guerrier s'avéreraient, pour ceux qui en auraient la charge, encore plus trauma-tisants aujourd'hui qu'hier ? Ce qui reviendrait alors

---

8. Voir par exemple : Jean-Pierre Warnier, « Les jeux guerriers du Cameroun de l'Ouest. Quelques propos iconoclastes », *Techniques & culture*, 39, 2002, p. 155-176.

9. Louis Crocq, *Les Traumatismes psychiques de guerre*, Paris, Odile Jacob, 1999.

à reconnaître l'historicité des seuils de souffrance psychique[10]...

SAR : Ah, Hervé, nous voilà sur votre terrain favori, celui de l'historicité de la psyché, pour le dire très vite... À votre question, je voudrais tenter d'apporter une réponse nuancée.

Le propre de la guerre, du fait qu'elle touche au danger vital, à la douleur, à la mort du sujet, est de faire apparaître comme ne le peuvent que peu d'activités sociales ce « socle biologique de notre humanité » que j'évoquais tout à l'heure. Dès lors, il n'est pas absurde de supposer qu'un certain nombre d'expériences physiques *et* psychiques communes puisse relier les expériences de guerre d'acteurs sociaux très éloignés dans le temps et dans l'espace. Rien d'étonnant dès lors que l'on puisse déceler des formes de souffrance psychique assez comparables à l'issue des combats hoplitiques et de combats modernes. Pour autant, s'agit-il exactement de la même chose ? Comme vous, j'en doute. Ne serait-ce que pour une raison très simple : une souffrance psychique me paraît inséparable de la manière dont on *se* la représente et dont les *autres* la représentent. Dès lors, là comme ailleurs, l'histoire reprend ses droits...

Par ailleurs, je ne crois pas que la question, comme vous le suggérez, tienne exactement à l'accroissement de la « protection » au sein de nos sociétés – un accroissement susceptible d'avoir déplacé les seuils de tolérance

---

10. Sur ce point de discussion : Hervé Mazurel, *L'Inconscient ou l'Oubli de l'histoire*, *op. cit.*, p. 450-457.

en temps de guerre. Ces derniers sont toujours en constant réaménagement, selon des formes complexes : les hoplites de la Grèce ancienne n'auraient sans doute pas pu supporter le bruit d'un bombardement de destruction ; en revanche ils « tenaient » devant les pointes de bronze des lances ou des épées. Pour les soldats de 14-18, n'est-ce pas exactement l'inverse ?

HM : Revenons à ce moment d'ébranlement de tout l'être physique et psychique du soldat. La notion de « trauma », préférée à celle de PTSD par la psychiatrie française, a ceci d'intéressant qu'elle resserre la focale en désignant des « spectacles » ayant fait effraction dans la psyché des combattants. À qui est familier des témoignages combattants, d'hier ou d'aujourd'hui, certaines constantes frappent le lecteur. Le fait en particulier que c'est par les sens que tout paraît commencer.

À l'origine de la blessure psychique du soldat, de ces traumatismes plus ou moins aigus et durables et qui parfois ne se déclarent que des années après, à la faveur d'une scène approchante, il y a le plus souvent une agression sensorielle de haute intensité et un spectacle hautement transgressif. S'il est généralement visuel, ce spectacle est aussi parfois, et sans exclusive, auditif, tactile ou olfactif… Il est source chez le soldat d'émotions-chocs, d'un vécu effractif et paroxystique (dégoût, effroi, angoisse, peur panique, etc.) aux effets corporels immédiats (haut-le-cœur, vomissements, pertes de maîtrise des sphincters, évanouissement, fuite en avant…) ou durables (hypertension, asthme, ulcère, troubles du système nerveux ou sensori-moteur…).

Or si l'on veut mieux comprendre ces formes de déstructuration de la personnalité, ne devons-nous pas abandonner les approches disjonctives, qui font la part du corporel et du psychique ? Ne faut-il pas toujours penser le corps, les affects et la psyché comme un *continuum* ? Par ailleurs, au regard de ce lien entre agressions sensorielles, émotion de paroxysme et choc traumatique, ne ressort-il pas que les traumas de guerre ont pu évoluer dans le temps à mesure que se modifiaient les seuils de tolérance des soldats et la culture sensible de leurs communautés d'appartenance ?

SAR : À travers ma réponse précédente, il me semble avoir un peu répondu à la fin de votre question, tout au moins je l'espère... Sur ce sujet du trauma, je pense être bien d'accord avec vous. Pour ma part, il me semble avoir commencé à le comprendre, autrefois, en écoutant et en lisant un grand psychiatre militaire de Percy, François Lebigot. Il n'aimait pas l'expression « stress post-traumatique », d'origine anglo-américaine, précisément parce qu'elle mélangeait cette réaction adaptative face au danger qu'est le *stress*, avec le *trauma* authentique dans lequel il voyait un phénomène tout différent : il s'agissait pour lui d'une effraction brutale dans la psyché, à partir de laquelle cessait, pour le sujet, cette « illusion d'immortalité » sans laquelle nous ne pouvons tout simplement pas vivre. Le sujet, en effet, « s'est vu mort », et de cette initiation il ne peut se remettre.

Alors en effet, comme vous le dites très justement, c'est par les sens que se produit cet « effroi » : la vue surtout, mais parfois un son, une odeur, un toucher... La corporéité entre donc en jeu ici, et on ne peut guère discerner de solution de continuité entre l'effraction psychique et l'expérience sensorielle[11].

HM : C'est le moment, je crois, d'évoquer cette expérience à la fois si commune et si traumatique vécue par les soldats de 14-18 : le terrifiant spectacle quotidien de tous ces cadavres qui pourrissaient sur le *no man's land* ou au fond des tranchées, faute de ramassage des morts. Soit ceux-là mêmes qu'a peints Otto Dix avec tant de crudité, ou plutôt de réalisme, dans sa série *Der Krieg*[12]. Pensez-vous qu'il était possible pour ces soldats de finir par s'accoutumer à un tel spectacle, comme aux expériences tactiles et olfactives qui l'accompagnaient ?

SAR : Envisager sous l'angle de l'accoutumance cette confrontation visuelle, tactile et olfactive des soldats de la Grande Guerre avec des cadavres humains paraît à première vue déraisonnable : la mort de l'autre ne renvoie-t-elle pas toujours, de près ou de loin, à la mort de soi-même ? Et pourtant... Je ne donnerai ici qu'un exemple, celui d'un stupéfiant film amateur tourné en 1915 au Bois-le-Prêtre et exhumé par Laurent Veray. On y voit des soldats français apportant les corps d'autres soldats français et les faisant

---

11. Sur question des blessures psychiques de guerre : Stéphane Audoin-Rouzeau, « Massacres. Le corps et la guerre », art. cit., p. 298-301.

12. Otto Dix, *Der Krieg/La Guerre* présenté par Annette Becker, Philippe Dagen et Thomas Compère-Morel, Cinq Continents/Historial de Perronne, 2003.

basculer sur une charrette chargée de les emporter. Sur le plateau de cette charrette elle-même, on tasse ces corps, on les pousse même du pied comme on le ferait de vulgaires bottes de paille après la moisson. Nulle trace d'un désarroi quelconque. L'accoutumance paraît indéniable ; mais signifie-t-elle qu'il s'agisse d'une expérience *banale* pour les acteurs sociaux ? J'en doute. Essayons ici de penser plus compliqué : adopter une attitude de « travailleur » ordinaire dans l'accomplissement d'une tâche aussi atroce, n'est-ce pas un bon moyen – l'unique moyen peut-être – de se donner les moyens de l'accomplir ?

HM : N'est-on pas là au cœur de la « brutalisation » des esprits, analysée par George Mosse ? Je veux dire celle qui, au contact quotidien de ces dépouilles mortelles, a fini par engendrer chez ces hommes une sorte d'accoutumance à la mort et, avec elle, une forme de banalisation du prix de la vie humaine ouvrant la voie au second conflit mondial ?

SAR : Certainement, mais ici, plutôt qu'aux conséquences du spectacle visuel des cadavres et de la cohabitation avec eux, je crois davantage aux conséquences de l'acte de tuer. Une forme de mépris pour la vie humaine, issue de l'expérience de combat, a pu se muer en principe d'élimination de l'adversaire politique, si caractéristique des totalitarismes dont est issu le second conflit mondial. George Mosse l'avait perçu. Mais Raymond Aron également.

V

VIOLENCES DE GUERRE ET GESTUELLES DE CRUAUTÉ

HM : Je voudrais commencer cette réflexion sur les pratiques de violence guerrière en mettant l'accent avec vous, quoique cela puisse paraître paradoxal, sur le rôle de l'imaginaire. Car vous avez montré, me semble-t-il, qu'il n'y a pas de geste de violence, même le plus extrême, qui ne s'arc-boute au préalable sur un imaginaire de l'ennemi qui lui préexiste, qui ne s'adosse à un socle de représentations de l'autre qui le rend possible.

Peut-on dire que la guerre commence par le langage, avec les mots qu'on emploie pour désigner l'ennemi ? Paul Fussell, auteur que vous affectionnez, disait justement que « le b.a.-ba de la propagande militaire, c'est de savoir que les ennemis monosyllabiques sont plus faciles à mépriser que les autres[1] ».

---

1. En traduction française : Paul Fussell, *À la guerre. Psychologie et comportements pendant la Seconde Guerre mondiale* [1989], Paris, Seuil, 2003.

SAR : Je ne me souvenais plus de cette citation tirée
de ce livre extraordinaire de Paul Fussell – *Wartime*
(1989) –, un livre secrètement adossé à l'expérience
de guerre de son auteur, grièvement blessé d'ailleurs
pendant la campagne de libération de la France en
1944. Elle s'applique particulièrement bien à la manière
dont les troupes américaines nommaient les Japonais
(*Naps*, par hybridation de l'abréviation *Japs* et du
mot *Apes* désignant les singes) lors de la guerre du
Pacifique, au cours de laquelle furent commises de
part et d'autre les pires transgressions. Du côté américain, les pratiques de vivisection, de conservation de
parties du corps de l'ennemi, puis l'envoi de celles-ci à
l'arrière furent si répandus que le commandement de
la flotte du Pacifique dut très tôt émettre des ordres
d'interdiction qui ne furent guère respectés, à en juger
par le nombre de crânes de soldats japonais, dûment
estampillés par les signatures des groupes primaires
combattants, retrouvés aujourd'hui avec stupeur au
sein de familles américaines. Car, il faut un soubas-
sement idéologique au déploiement des atrocités de
guerre : un système de représentations leur est toujours
nécessaire, et qui passe nécessairement par le langage.
Mais dire cela ne suffit pas : ce que l'on inflige à
l'Autre vient confirmer en retour l'image que l'on
se fait de lui ; il est bien ce que l'on pensait qu'il
est, puisqu'on lui fait ce qu'on lui fait ; et on le lui
prouve en même temps qu'on se le prouve. Il y a là
une boucle d'auto-validation qui permet de rendre
compte des processus de radicalisation à l'œuvre dans
les grands déploiements de violence et de cruauté.

HM : En temps de guerre, la mobilisation des esprits, nécessaire au maintien de la cohésion nationale autour des buts de guerre, impose de creuser l'antagonisme du « nous » et du « eux ». C'est pourquoi le temps de la guerre est toujours propice à la rémanence de stéréotypes, à la propagation des amalgames, à la construction de figures repoussoirs. Quel est, selon vous, le rôle des images dans cette dynamique ? Des affiches, des caricatures, des photographies ou des films par exemple ?

SAR : Lorsque j'étais jeune historien, je croyais peu à la notion de « propagande » et je m'agaçais de cette facilité intellectuelle consistant à lui attribuer la naissance, puis l'entretien des stéréotypes des temps de guerre – et Dieu sait si la Première Guerre mondiale a été féconde sur ce point, aussi bien à l'écrit que sur le plan visuel. Mais aujourd'hui, baignés que nous sommes de *fake news* et de complots imaginaires, je ne penserais plus la même chose : en temps de guerre, et même en temps de crise de manière plus générale, les sociétés se révèlent extrêmement sensibles aux discours agonistiques de construction de l'Autre. Le cas du Rwanda[2] m'a confirmé dans cette idée : les tueurs ont *cru* à ce qui fut martelé, année après année, à l'encontre de la « cinquième colonne » tutsi ; ils ont même cru aux représentations somatiques les plus folles, pour ne pas dire insensées, comme la différence sexuelle supposée entre femmes tutsi et hutu (d'où la dénudation des premières par

---

2. Stéphane Audoin-Rouzeau, *Une initiation. Rwanda, op. cit.*

les secondes, curieuses de pouvoir enfin constater et exposer cette différence), ou encore les côtes supplémentaires soi-disant caractéristiques des Tutsi, la vraie question que je me pose étant de savoir s'ils y ont cru *complètement*, ou s'ils ont voulu y croire, ce qui n'est pas tout à fait la même chose. J'incline vers cette seconde hypothèse, qui peut rendre compte de l'hystérisation des pratiques d'extrême violence : leur déploiement répond-il alors au besoin de se convaincre soi-même plus complètement ? Peut-être...

En tout cas, le cas du Rwanda ne me paraît pas plaider pour une performativité particulière des images (finalement peu fréquentes dans ce cas), non plus que les configurations propres à la Première et Seconde Guerres mondiales. Il me semble que les mots, à eux seuls, disposent ici d'une efficacité considérable. Avec eux, par eux, on tue, on torture, on découpe les corps, on viole aussi, au prix d'une immense créativité meurtrière.

HM : Et le rôle des rumeurs, des fausses nouvelles, des fantasmes collectifs ?

SAR : Depuis la redécouverte du fameux article de Marc Bloch dans la *Revue de synthèse* en 1921 (« Réflexions d'un historien sur les fausses nouvelles de la guerre »), depuis le grand livre de John Horne et Alan Kramer sur les atrocités allemandes de 1914[3] (*German Atrocities. A History of Denial*, 2001), il me

---

3. En traduction française : John Horne, Alan Kramer, *1914. Les atrocités allemandes. La vérité sur les crimes de guerre en Belgique et en France* [2001], Paris, Tallandier, 2011.

semble que les historiens de la conflictualité contemporaine ont pris la pleine mesure de la dimension fonctionnelle des rumeurs de guerre dans les déploiements de violence extrême. Ainsi les atrocités allemandes de l'été 1914, en Belgique puis dans le nord et l'est de la France, se sont-elles adossées à l'immense fausse nouvelle collective d'un *Volkskrieg* menée par les civils belges, sur la base du souvenir historique d'un phénomène de ce type en France pendant la guerre franco-prussienne de 1870-1871[4].

HM : Tout groupe humain, pour cimenter ses liens et se doter d'une identité, commence par tracer une frontière à la fois mentale et matérielle, entre le Même et l'Autre, entre un intérieur et un extérieur. Et Françoise Héritier de faire du couple « nous/eux », un véritable invariant anthropologique et la matrice de toute violence. C'est lui, bien sûr, qu'on trouve derrière le couple « ami/ennemi ». Le procédé est connu : lorsqu'il s'agit de renforcer la logique des camps, chacun se met en quête d'un « nous » collectif pur qui passe par la destruction d'un « eux » perçu comme impur et menaçant. Diriez-vous, comme Jacques Sémelin, qu'avant tout massacre préexiste ce qu'il appelle, dans *Purifier et détruire*, « un imaginaire de la destructivité[5] » ?

---

4. *Cf.* Stéphane Audoin-Rouzeau, *1870. La France dans la guerre*, Paris, Armand Colin, 1989.

5. Jacques Sémelin, *Purifier et détruire. Usages politiques des massacres et génocides*, Paris, Seuil, 2005.

SAR : C'est en effet un très intéressant rappel que fait Françoise Héritier dans *De la violence*[6], cet ouvrage collectif tiré de son cours au Collège de France : le fait que les noms que se donnent généralement les sociétés primitives signifient « nous les hommes », « nous les êtres humains », rejetant ainsi les autres groupes humains dans une forme de non-humanité. La leçon anthropologique est ici impitoyable et elle peut être étendue à *nos* sociétés dès lors que celles-ci se trouvent plongées dans cette temporalité particulière que suscite la guerre : la leçon que l'on peut tirer des deux guerres mondiales, et de quantité d'autres conflits de notre contemporain, est bien que la déshumanisation de l'ennemi est chose aisée, durable, résistante à tous les démentis ; c'est même une des caractéristiques de la guerre moderne, où les enjeux de la lutte sont à ce point radicalisés que la sortie de l'ennemi de l'humanité constitue une condition *sine qua non* des grandes mobilisations collectives.

HM : Les écrivains et intellectuels ont-ils, selon vous, joué un rôle décisif dans l'entretien de cette dynamique haineuse au cours du premier XXe siècle ?

SAR : Rien ne serait plus faux que de croire qu'un niveau de culture élevé vous protège de cette dynamique de haine que vous évoquez. C'est plutôt l'inverse qui est vrai, et pour une raison simple : il faut un haut niveau d'élaboration intellectuelle, une importante

---

6. Françoise Héritier (dir.), *De la violence*, Paris, Odile Jacob, 1999, 2 vol.

capacité d'abstraction pour construire cette image de l'ennemi qui justifiera sa destruction, partielle ou totale. Regardez les intellectuels du nazisme étudiés par Christian Ingrao, cette « seconde génération » plus terrifiante encore peut-être que celle qui la précédait en occupant les devants de la scène[7] ; regardez les responsables du Kampuchéa démocratique, souvent enseignants, passés par les universités françaises ; regardez tant d'acteurs majeurs du génocide des Tutsi rwandais : la plupart avaient fait des études supérieures, eux aussi. Les médecins, les professeurs, les prêtres ont compté parmi les organisateurs de tueries les plus redoutables. L'intelligence, l'éducation, la capacité littéraire et artistique ne protègent en rien du basculement dans la violence extrême ; elles la favorisent plutôt et l'aggravent.

HM : Vous avez toujours pris soin de distinguer des degrés dans l'hostilité, dans la haine entre ennemis. Diaboliser, sous-humaniser, animaliser l'ennemi, expliquez-vous, c'est chaque fois franchir un palier supplémentaire. Or ce système de représentations de l'ennemi commande précisément à ce qu'on lui fait sur le champ de bataille comme autour de lui. Par exemple, à la façon dont, dans chaque camp, on traite les prisonniers, les blessés ou les cadavres adverses. À ce sujet, vous avez signalé l'écart existant entre les degrés de haine et de violence exprimés sur le front de l'Ouest et le front de l'Est, non seulement durant

---

7. Christian Ingrao, *Croire et détruire. Les intellectuels dans la machine de guerre SS*, Paris, Fayard, 2010.

le premier conflit mondial mais aussi au cours de
la Seconde Guerre mondiale.

SAR : Vous avez raison de le souligner : chaque
configuration est différente, et c'est là le piège que
recèlent des expressions commodes comme « violences
extrêmes », « atrocités », « pratiques de cruauté », etc.
Si l'on en est capable, il faut regarder à chaque fois
ce qui se joue dans les pratiques de violence, car
le langage qu'elles énoncent est toujours différent,
notamment au cours des deux guerres mondiales : leur
grammaire, leur syntaxe varient, et ce sont elles qu'il
s'agit de décrypter en tentant de s'approcher au plus
près des gestuelles, mais aussi des mots qui, souvent,
les accompagnent. Cela étant dit, ces « langages »
différents que parlent les « atrocités » s'organisent
généralement autour d'un axe qui leur est commun :
comme l'anthropologue Véronique Nahoum-Grappe
l'a démontré de manière particulièrement convain-
cante[8], celui-ci s'enroule autour de l'atteinte à
la filiation, qui constitue un élément de structuration
psychique fondamental pour toute personne humaine.

HM : Pourriez-vous préciser ici ce que vous entendez
par « atteinte à la filiation » ?

SAR : Chacun d'entre nous se repère et forge son
identité en fonction d'une ascendance et d'une descen-
dance – même si la manière de les désigner et de

_____

8. Véronique Nahoum-Grappe, « Anthropologie de la violence
extrême : le crime de profanation », *Revue internationale de sciences
sociales*, 174, décembre 2002, p. 601-609.

se relier à elles peut varier considérablement selon les sociétés et les aires culturelles. Couper cette filiation, c'est détruire l'Autre. Ainsi le viol, si fréquent en temps de guerre, constitue-t-il une atteinte caractéristique à la filiation, et particulièrement lorsqu'il se déroule en public et devant les proches : viol des femmes devant leur mari ou leurs enfants, viol des enfants devant leurs propres parents, par exemple. Mais rendre un visage ou un corps méconnaissable pour les siens détruit nécessairement cette même filiation puisque le traitement infligé à la victime cherche à empêcher qui que ce soit de savoir *qui elle était*. Découper un corps et, avec ses différentes parties, en assembler un autre biologiquement impossible, constitue un acte du même ordre. Toute atteinte à la filiation inflige intentionnellement à la victime d'abord, à ses proches ensuite, à sa communauté enfin, une douleur immense. C'est son objet.

HM : En 2003, au cœur d'une intense polémique entre historiens du premier conflit mondial, le sociologue et historien Nicolas Mariot adressa des critiques parfois très vives aux approches qui, comme les vôtres, valorisent l'étude des systèmes de représentations et des régimes de croyances dans l'explication à donner des violences de guerre. Insistant pour sa part sur la continuité entre l'ordinaire du monde civil et l'extraordinaire du combat, il posait cette question aiguë : « Faut-il être motivé pour tuer[9] ? »

---

9. Nicolas Mariot, « Faut-il être motivé pour tuer. Sur quelques explications aux violences de guerre », *Genèses*, 3/4, 2003, p. 154-177.

Par certains côtés, on ne peut imaginer approches plus opposées. Près de vingt ans plus tard, que lui répondriez-vous ?

SAR : Tout d'abord, je voudrais rappeler qu'à partir du moment où le champ de la recherche a pris une tournure franchement agonistique – c'est *Retrouver la guerre*, écrit avec Annette Becker et paru en 2000, qui a cristallisé une hostilité jusqu'ici latente et dispersée à l'encontre du travail mené depuis dix ans à Péronne –, j'ai pris pour ligne de conduite de ne pas répondre (je ne l'ai fait qu'une seule fois, sur commande, pour la *Vie des idées*[10], et je m'en serais bien passé.) Pourquoi ? Parce que je ne crois pas à la dimension heuristique des polémiques historiographiques, et tout particulièrement quand des enjeux politiques et idéologiques s'y mêlent, ce qui est le cas ici. Je n'ai commencé à débattre – avec Nicolas Offenstadt en l'occurrence – qu'une fois l'intensité de la polémique sensiblement réduite, dans le cadre de notre travail commun à la Mission du Centenaire[11], qui s'est déroulé en très bonne intelligence. Avec d'autres historiens, hélas, ce recul de la dimension agonistique du débat ne s'est pas produit, et je ne réponds donc pas directement à votre question. Sinon pour dire d'un mot que s'il y a une chose que le Rwanda m'aura apprise, c'est qu'il a fallu aux tueurs de 1994 une motivation criminelle d'une force singulière.

---

10. « Controverse ou polémique ? », *La Vie des idées*, 5 février 2009.
11. Cf. Nicolas Patin, Arndt Weinrich (dir.), *Quel bilan scientifique pour la mission du centenaire de 1914-1918 ?*, Paris, Université Sorbonne Presses, 2022.

Indirectement en revanche, je peux tenter de répondre un peu longuement. Disons que je ne tiens pas pour raisonnable la fausse opposition entre une approche soi-disant « culturaliste » de la Grande Guerre, approche dont je serais un parfait représentant, opposée à une approche prétendument « sociale ». Se refuser à penser que les hommes, les femmes et les enfants des sociétés en guerre en 1914-1918 aient pu se représenter l'événement qu'elles traversaient dans des formes comparables, susceptibles de transcender les appartenances de classe, me paraît une supposition absurde. Et par ailleurs, il me semble que le déni de l'extraordinaire du combat se place aux limites d'une insulte à l'égard de ceux qui ont traversé semblable expérience. Il n'y a qu'à les *écouter* un peu pour le comprendre ; ou qu'à rester un tant soit peu sensible aux traces psychiques, si présentes chez nombre de vétérans. Le refus d'entendre les acteurs sociaux est un des pires travers des sciences sociales, je crois vous l'avoir déjà dit. Curieusement, il semble très marqué chez beaucoup de sociologues...

HM : Mais, en même temps, par-delà cette violente controverse qui cliva totalement l'historiographie de la Grande Guerre pendant près de quinze ans, entre l'école dite du « consentement », celle pour faire vite de l'Historial de Péronne, et l'école dite de la « contrainte », rassemblée autour du Crid[12], il y

---

12. Parmi les travaux les plus représentatifs de ce courant de recherche : Rémy Cazals, Frédéric Rousseau, *14-18. Le cri d'une génération*, Toulouse, Privat, 2001 ; André Loez, *14-18. Les refus de guerre. Une histoire des mutins*, Paris, Gallimard, 2010 ; Nicolas Mariot, *Tous*

avait bien une question commune, partagée, autour
de laquelle s'articula le conflit des interprétations :
« Comment les soldats ont-ils tenu dans cet enfer plus
de quatre années durant ? »

Il me semble que l'ambition partagée était bien ici
de tenter d'écouter les acteurs, de restituer au plus
près ces expériences de guerre. Non ?

SAR : Soulignons tout d'abord que cette notion
d'« école du consentement » opposée à l'« école de
la contrainte » était avant tout une simplification
journalistique. Tout le problème étant qu'au cours
des années 2000, cet affrontement apparaissait comme
l'unique controverse historiographique de la période
– en tout cas la seule susceptible d'intéresser un public
relativement large à propos d'un événement de référence en France : la Grande Guerre. En dehors de
notre pays, on peut observer que cette controverse
n'a intéressé personne au sein du milieu historiographique international et cette polémique française n'a
été répliquée nulle part.

Par ailleurs, vous avez sans doute raison sur cette
interrogation commune (« Comment les soldats ont-ils
tenu ? »), à ceci près que cette question de la « ténacité » ne concernait pas seulement les soldats, mais
aussi l'« arrière », comme on disait à l'époque, cet
« arrière » indispensable à la poursuite de la guerre
dans un conflit total comme 14-18. C'est donc aux
sociétés belligérantes dans leur *totalité* – à la société

---

unis dans les tranchées ?, *op. cit.* ; Nicolas Offenstadt, *Les Fusillés de
la Grande Guerre et la mémoire collective, 1914-2009*, Paris, Odile Jacob,
2009 ; Frédéric Rousseau, *La Guerre censurée, op. cit.*

française, une des plus éprouvées par le conflit, plus particulièrement il est vrai – que cette question était posée.

Aujourd'hui encore, et alors que la polémique semble derrière nous, je ne comprends toujours pas l'hostilité radicale qu'a provoquée ce mot de « consentement », un peu comparable à celui qu'avait rencontré la notion de « dérapage » employé en son temps par François Furet à l'endroit de la Révolution française.

Alors, que la contrainte ait joué son rôle, nul ne peut le nier, et en particulier dans le cadre disciplinaire très strict des différentes armées. Mais précisément, ce qu'a magistralement montré Emmanuel Saint-Fuscien[13] dans le cas de l'armée française – lui dont le travail a puissamment contribué à mettre fin à la polémique historiographique dont nous parlons –, c'est que consentement et contrainte ne s'excluaient pas mutuellement mais se complétaient, en quelque sorte : car c'est quand les soldats *consentent* pleinement à la guerre (en 1914 et en 1915) que la contrainte est la plus forte (je songe ici à la répression des conseils de guerre, le plus grand nombre de condamnations à mort intervenant au cours de ces deux années), et c'est quand le consentement s'effrite, à partir de 1916, que la contrainte s'affaiblit et que le commandement doit renégocier la relation d'autorité avec les soldats.

À une autre échelle, et sur un plan comparatif, on voit bien que si l'on exclut l'extrême fin de la guerre dans les puissances centrales vaincues, *une seule*

---

13. Emmanuel Saint-Fuscien, *À vos ordres ? La relation d'autorité dans l'armée française la Grande Guerre*, Paris, EHESS, 2011.

société belligérante a refusé de continuer la lutte :
la société russe. À partir de 1917, celle-ci devient
un laboratoire du refus de la guerre, sous des formes
souvent extrêmes comme la désertion en masse
des soldats quittant le front après avoir lynché leurs
officiers et revenant vers l'arrière avec leurs armes
en faisant régner la terreur sur leur passage. Mais ce
cas unique permet de montrer, *a contrario*, qu'aucune
autre société belligérante n'a traversé un tel processus.
C'est cela, le consentement, un consentement dont
rend compte un très lent processus de socialisation
des classes populaires européennes autour d'une idée
simple, qui connaît au cours de ces années une sorte
d'apogée : l'idée de nation, tout simplement, nation
dont la défense s'impose à tous, quels que soient
les milieux sociaux d'origine. Pourquoi nier l'évidence ? Dans un siècle, songera-t-on à nier l'actuel
consentement de la société ukrainienne à la guerre
qui lui a été imposée par la Russie ?

HM : En matière de consentement, on peut penser
aussi aux 2,5 millions de volontaires britanniques qui
se sont engagés dans le conflit en 1914 et 1915, avant
que la Grande-Bretagne ne se dote, l'année suivante
seulement, d'une armée de conscription.

SAR : Absolument, et c'est un exemple qui m'a
retenu longtemps. 1 400 000 volontaires dès 1914,
et un autre million en 1915, dans un pays ne disposant pas d'un système de conscription et dont le terri-
toire n'est pas directement menacé. L'afflux concerne
tous les milieux, même si le monde des villes et celui

des classes moyennes et supérieures sont surrepré-
sentés. Imagine-t-on une marque plus forte d'adhé-
sion à la guerre ? D'autant que ces engagements ne
se font nullement dans l'inconscience : en 1914, c'est
après les premiers combats et l'annonce nominative
des premières pertes dans les journaux que la vague
des engagements est la plus affirmée.

HM : C'est ici, je crois, qu'il faut rappeler de
quoi est faite cette notion de « culture de guerre[14] »,
qu'avec Annette Becker vous avez tant contribué à
faire connaître, laquelle a été certes très discutée mais
permet d'éclairer les différentes formes de mobilisation et d'investissement des soldats et des civils dans
le conflit.

SAR : C'est en 1997 qu'avec Annette Becker, nous
la définissons ainsi pour la première fois, sans vraiment
y revenir ensuite : « Le champ de toutes les représentations de la guerre forgées par les contemporains :
de toutes les représentations qu'ils se sont données
de l'immense épreuve, pendant celle-ci d'abord, après
celle-ci ensuite. » En bref, il s'agissait de la manière
dont les contemporains du conflit avaient représenté
et s'étaient représenté la guerre. Il s'agissait donc bien
d'inscrire notre lecture du conflit dans le champ d'une
histoire des représentations et, au prix d'un pas de
plus, de faire de ces représentations un des moteurs

---

14. Stéphane Audoin-Rouzeau, Annette Becker, « Violence et consente-
ment : la "culture de guerre » du premier conflit mondial », *in* Jean-Pierre
Rioux et Jean-François Sirinelli (dir.), *Pour une histoire culturelle*, Paris,
Seuil, 1997, p. 251-271.

de la guerre, de son acharnement, de sa durée. Nier cet investissement des Européens (car c'est d'eux qu'il s'agit au premier chef) dans la guerre en cours, et plus exactement dans leurs nations en guerre, continue de m'apparaître, bien des années après, comme une supposition absurde.

HM : En quoi, dans l'exploration des cultures de guerre, l'usage de la célèbre notion freudienne de « narcissisme des petites différences » peut-il, selon vous, être utile à l'historien ? Et n'a-t-elle pas aussi son utilité pour penser les conflits intra-étatiques ? Pour éclairer, par exemple, la dynamique qui a mené au génocide des Tutsi par les Hutu en 1994 au Rwanda ?

SAR : Je m'en tiendrai ici au Rwanda, qui constitue une interrogation majeure pour les sciences sociales et, plus largement, pour toute société humaine dès lors que celle-ci se voit confrontée au phénomène de l'*altérité* : entre avril et juillet 1994, les voisinages ont joué un rôle capital dans les dynamiques meurtrières – un rôle bien plus important que dans les autres configurations de crimes de masse du XXe siècle. En outre, ce retournement meurtrier de la « vicinalité », si bien étudié par Hélène Dumas[15], ne s'est pas effectué sur la base d'une hostilité préalable, voire d'une distance sociale effective, mais exactement l'inverse : ce sont les proches, les amis parfois, et même les membres de la famille, qui ont tué. Face à cet *hapax*, la redécouverte

---

15. Hélène Dumas, *Le Génocide au village. Le massacre des Tutsi au Rwanda*, Paris, Seuil, 2014.

de la pensée du « narcissisme des petites différences » chez Freud, exprimée notamment dans *Le Tabou de la virginité* en 1917, m'a puissamment frappé : là où nous pensons spontanément que c'est la différence majeure qui constitue la base de toute hostilité à l'Autre, Freud suggère que la différence mineure – dans le cas du Rwanda, on pourrait même parler de différence inexistante, sinon d'ordre fantasmatique – pourrait constituer la base d'une inquiétude et d'une hostilité plus profondes. La pensée d'un anthropologue comme Arjun Appaduraï me paraît s'inscrire dans cette lignée[16]. Mais si ce dernier et Freud ont raison, quel chemin suivre alors ? Si la distance perçue comme très grande et la distance perçue comme très faible ou inexistante sont l'une et l'autre porteuses de sentiments d'hostilité pouvant déboucher sur la violence, quelle solution nous reste-t-il ?

HM : Une chose est sûre, à ceux qui voient le surgissement de la violence comme une sorte d'éruption volcanique ou qui envisagent l'agressivité comme l'expression d'un instinct naturel de l'être humain, vous rappelez, à l'instar de l'anthropologue néerlandais Anton Blok, la nécessité de retrouver le sens des messages convoyés par les violents, quand bien même ils n'étaient pas pleinement conscients du symbolisme de leurs actes[17]. C'est pourquoi, n'est-ce pas, vous avez toujours tenu, dans l'étude

---

16. Voir en particulier : Arjun Appaduraï, *Après le colonialisme. Les conséquences culturelles de la globalisation*, Paris, Payot, 2015

17. Voir le chapitre d'Anton Blok, « The Meaning of "Senseless" Violence », in *Honour and Violence*, Cambridge, Polity, 2001, p. 103-114.

des affrontements guerriers, à sortir les pratiques de
cruauté du « blanc historiographique » où elles étaient
cantonnées, bien convaincu qu'il faille quêter du sens
derrière la violence apparemment la plus insensée. En
quoi ces pratiques de cruauté ne sont-elles pas périphériques comme on le pense souvent ou, plutôt, comme
on aimerait qu'elles le soient ?

SAR : Vous avez raison, j'ai depuis longtemps prêté
une attention particulière aux pratiques de cruauté,
définies par Véronique Nahoum-Grappe comme
une violence « inutile », qui dépasse son propre objet,
une violence faite pour infliger un surcroît de douleur
à la victime (ou à ses proches et à sa communauté)
et à procurer une forme de jouissance aux bourreaux.
N'êtes-vous pas frappé, comme moi, par le rire, le large
sourire des bourreaux lors de la perpétration de leurs
atrocités ? Il est aussi visible sur les photographies que
dans les témoignages. Or, il me semble que dans toutes
les violences de masse auxquelles nous pouvons être
confrontés en tant qu'historiens, la cruauté est rarement
absente ; parfois, sa présence est partout, elle accompagne systématiquement les déploiements de violence.

Mais le refus de voir – refus de voir l'ignominie,
au vrai – est alors une tentation majeure. L'obscène
de la cruauté constitue le « mauvais présage » que
j'ai déjà évoqué. Et lorsque ce refus de voir est décidément impossible (comment faire pour ne pas voir
la cruauté sur le front du Pacifique lors de la Seconde
Guerre mondiale ? pendant les séances de torture
de la guerre d'Algérie ? lors du génocide des Tutsi
rwandais ?), la tentation est alors de la repousser sur

les marges, d'en nier l'importance, de « pathologiser » ceux qui la mettent en œuvre. C'est notre protection ultime contre son haut pouvoir toxique. Cela, j'en suis persuadé, nous empêche de voir la violence de guerre ou la violence génocide *pour ce qu'elle est*, dans toutes ses dimensions, et surtout dans ses significations les plus profondes. La cruauté est une clef – une clef presque unique, peut-être – qui nous donne accès à l'univers de représentations des bourreaux. C'est pourquoi elle doit être placée en position centrale dans toute étude de la violence de guerre qui se refuse à n'être qu'un théâtre d'ombres et un faux-semblant.

HM : Dans cette insistance sur le symbolique, vous rejoignez l'approche de l'historien Denis Crouzet, l'auteur des *Guerriers de Dieu*[18], ce livre magistral qui invite à passer l'effet de sidération pour mieux étudier les gestuelles de violence comme un *langage*. Dans les guerres de religion entre catholiques et protestants, rappelle-t-il, la ritualisation marquée des pratiques de violence dit le caractère profondément sacral des manières de massacrer, la dimension symbolique des pratiques d'humiliation, de mutilation et de profanation de l'ennemi religieux[19].

Très souvent, je vous sens proche de cette anthropologie culturelle ou symbolique, qui emprunte beaucoup

---

18. Denis Crouzet, *Les Guerriers de Dieu*, Paris, Champ Vallon, 1990, 2 vol.

19. Id., « Théâtres de la cruauté. Hypothèses pour une anthropologie de la violence paroxystique au temps de guerres de Religion », *in* Q. Deluermoz, C. Ingrao, H. Mazurel (dir.), *Sensibilités. Histoire, critique, sciences sociales*, 3, octobre 2017, *Corps au paroxysme*, p. 24-36.

à Clifford Geertz[20], mais, dans le même temps, vous restez dans l'ensemble très attaché à l'anthropologie sociale française, inspirée de Lévi-Strauss. Comment, dans votre travail, en êtes-vous arrivé à devoir articuler ces deux formes d'anthropologie que, le plus souvent, tout oppose ?

SAR : Oui, mon admiration pour ce livre de Denis Crouzet est immense ; je pense même qu'elle croît avec le temps. Inversement, ce dernier s'intéresse vivement à mes propres objets de recherche : je pense notamment au Rwanda, où la cruauté comme *langage* est une évidence, et où la dimension sacrale du massacre (dans les églises en particulier) en est une autre.

La seconde partie de votre question m'embarrasse : comme je vous le disais, je ne suis pas un théoricien et jamais je ne me suis demandé comment « articuler » deux anthropologies contradictoires pour tenter de bâtir ma propre anthropologie historique du fait guerrier contemporain. Allons plus loin : quand je suis arrivé à l'École des Hautes Études, au début des années 2000, j'étais vraiment décidé à tenter cette interlocution entre anthropologie et histoire à l'emplacement de la violence de guerre contemporaine, ce qui a fini par donner ce livre imparfait qu'est *Combattre*, en 2008. Mais j'ai souffert... Car vous ne pouvez savoir comme cela m'a été difficile de me repérer efficacement en anthropologie. Je me sentais comme un enlumineur du Moyen Âge ne disposant

---

20. Clifford Geertz, *The Interpretation of Cultures*, New York, Basic Books, 1973.

pas de l'outil graphique de la perspective : les travaux des anthropologues m'apparaissaient comme situés sur un même plan, sans proportions, sans hiérarchie, et même sans liens entre eux. À la fin, je me sentais si peu sûr de moi que j'ai donné le texte du manuscrit à expertiser à plusieurs collègues[21] : rien ne m'a fait plus plaisir que l'appréciation généreuse de Jean-Pierre Dozon me disant qu'il avait beaucoup appris en anthropologie ! Et le compte rendu chaleureux et en même temps critique que fit plus tard Jean-Pierre Warnier dans *L'Homme* m'a non seulement fait sentir les progrès que j'avais à accomplir encore, mais aussi un peu rassuré sur la valeur de ma tentative, en partie manquée, mais pas complètement[22]. C'est beaucoup, cela. Aucun autre compte rendu de l'un de mes livres ne m'a plus touché que celui-là...

Allons plus loin encore, en vous faisant un aveu embarrassant : le livre terminé, je n'avais pas conscience de m'être inscrit si nettement dans la perspective de l'anthropologie sociale française inspirée de Lévi-Strauss. À dire vrai, c'est Françoise Héritier qui m'avait guidé dans mon approche très spécifique de la violence de guerre, en partie à mon insu, ainsi que d'autres de ses diadoques comme Véronique Nahoum-Grappe, et je n'ai compris qu'après-coup ce que cela pouvait signifier en termes de parti pris intellectuel...

---

21. Tiphaine Barthélemy et Jean-Pierre Dozon, en particulier.

22. Cf. Jean-Pierre Warnier, « Stéphane Audoin-Rouzeau, *Combattre* », *L'Homme*, 190, 2009, p. 202-203ge.

VI

DU DEUIL
À LA GUERRE TRANSMISE

HM : Dans votre effort pour penser ensemble le front et l'arrière en 14-18, pour éclairer les liens si puissants qui unissent combattants et non-combattants, vous avez, avec Annette Becker[1], donné à la question du deuil de guerre sa pleine dimension historiographique. S'il s'agissait pour vous d'interroger aussi la trace au long cours de cette mort de masse et du deuil collectif interminable qu'elle a engendré pour nos sociétés, vous n'avez pas, bien au contraire, occulté la part la plus intime du deuil, celle de la perte. Dans *Cinq deuils de guerre* (2001)[2], vous avez voulu comprendre ce que furent pour les survivants comme pour ceux de l'arrière, les femmes notamment, la mort des proches, la douleur de l'annonce, les affres du manque et aussi, bien souvent, la cruelle absence de sépulture. D'où

---

1. Becker Annette, *Les Monuments aux morts. Mémoire de la Grande Guerre*, Paris, Errance, 1991. Voir aussi : Jay Winter, *Sites of Memory, Sites of Mourning: The Great War in European Cultural History*, Cambridge, Cambridge University Press, 1998.

2. Stéphane Audoin-Rouzeau, *Cinq deuils de guerre*, *op. cit.*

vous est venu votre intérêt pour cette dimension du deuil ?

SAR : Puisque vous évoquez ce travail sur le deuil, et ce livre incomplet, pour ne pas dire esquissé, mais auquel je tiens beaucoup, je puis bien vous dire que la période au cours de laquelle j'ai travaillé cette question reste une des plus intenses de ma vie d'historien. J'étais un peu exaspéré, il faut bien le dire, par la fascination générale pour les monuments aux morts, pour ces rituels collectifs de la perte, tellement *visibles*, trop visibles. Moi, c'est ce qui restait caché qui m'intéressait, la dimension intime de cette perte. Et je me posais cette unique question à propos de ceux qui avaient perdu l'un des leurs dans la Grande Guerre : « Comment ont-ils souffert ? » C'est d'ailleurs une question que je me pose toujours face à ceux qui affrontent la mort des êtres auxquels ils ont tenu...

Deux très grandes œuvres ont joué ici un rôle déclencheur : *La Vie et rien d'autre* de Bertrand Tavernier, en 1989, et *Les Champs d'honneur* de Jean Rouaud en 1990, ouvrage pour lequel il a obtenu le prix Goncourt. Ces deux œuvres m'ont fait mesurer le retard historien sur la mesure de la douleur – de la douleur de la mort à la guerre. J'ai résolu de m'y mettre à mon tour, avec mes moyens d'historien. Et donc, comme vous le voyez, aucune dette à l'égard de Freud, et rien de directement personnel dans l'élément déclencheur. À moins de considérer, ce que je n'ai compris que dix ans plus tard, que le père de mon père, jeune aspirant en 1916, avait été tué psychiquement par le grand conflit...

HM : Dans *Quelle histoire. Un récit de filiation (1914-2014)*[3], ce livre où vous traquez ce que la Grande Guerre a fait aux *vôtres*, vous évoquez en effet l'expérience traumatisante vécue par Robert Audoin, votre grand-père paternel, et l'effet de cette blessure invisible tant sur sa vie que sur celle des membres de votre famille. Que lui est-il arrivé exactement ? Cette forme de guerre transmise est-elle à vos yeux, aujourd'hui, la source principale du long intérêt que vous avez porté à 14-18 ?

SAR : Robert Audoin – ce grand-père que je n'ai jamais connu – est donc monté en ligne à l'été 1916 dans la bataille de la Somme, l'affrontement le plus violent sans doute de toute la Grande Guerre. Artilleur, il subit par surprise, et à découvert, un bombardement ennemi absolument terrorisant, comme l'atteste un texte de sa main écrit à chaud dans les jours qui suivent cette expérience de peur indicible. Robert Audoin, comme j'ai fini par le comprendre (mais sans doute le savais-je de longue date, sans le savoir…) ne s'est jamais remis de la Grande Guerre, et n'a jamais été capable, ensuite, de reprendre pied. Et il n'a pas les moyens – personne n'a d'ailleurs les moyens, autour de lui – de comprendre ce qui se passe en lui. La marque de cette interminable défaite personnelle que fut la vie de cet homme a été déterminante, à mon sens, sur une autre défaite : celle de mon père.
Je n'avais nulle conscience de tout cela lorsque j'ai commencé, jeune homme, à travailler sur la Grande

---

3. Stéphane Audoin-Rouzeau, *Quelle histoire*, *op. cit.*

Guerre, sur les soldats et la violence de guerre plus particulièrement. Mais inconsciemment, c'est autre chose… Le livre que vous évoquez a été écrit d'un coup, en deux ou trois semaines, sans effort aucun. Sans doute parce que, de longue date, je le portais en moi…

HM : À vous lire, on perçoit combien cette histoire, tout à la fois sue et non sue, vous a finalement travaillé obscurément toutes ces années. On imagine que ce livre a eu sur vous une sorte d'effet libérateur, non ? D'où peut-être aussi le fort attachement que vous continuez de lui porter ? Avez-vous par ailleurs le sentiment qu'après-coup il a eu quelque effet de ce genre sur vos proches, voire sur tout le « roman familial » (S. Freud) ?

SAR : Je ne saurais répondre avec sûreté à la dernière partie de votre question. Ce que je puis vous dire, c'est que mes deux sœurs ont lu le manuscrit en parallèle et sans s'interrompre, juste après la mort de notre mère, et sur les lieux mêmes où elle venait de mourir… Je souhaitais qu'elles le lisent, à la fois parce qu'elles étaient en cause dans le portrait que je faisais de notre père, et parce que c'était une sorte d'entrée en communication que je leur proposais ainsi, en plein deuil familial. Je sais qu'elles ont beaucoup aimé mais j'ignore les effets du texte sur elles…

En ce qui me concerne, oui, j'ai ressenti après avoir écrit ce livre un soulagement profond. D'une certaine manière, je le ressens toujours… Soulagement d'avoir compris quelque chose – ce qui s'appelle comprendre ; soulagement aussi, sous une sévérité apparente à l'égard de mon père qui m'a été reprochée par beaucoup de ses anciens amis, de lui avoir écrit une lettre d'amour, une lettre que, depuis si longtemps, je lui devais.

HM : Jusqu'où, selon vous, est-il possible d'historiciser la douleur du deuil ?

SAR : C'est Genevoix, ce grand maître du deuil, qui a écrit dans *Trente mille jours*, en 1980 : « Chacun de nous, quand le malheur le frappe, connaît seul sa propre douleur. » Tout est dit. À trop vouloir historiciser le deuil, on risque fort d'en écraser les épines, d'élaborer de savantes catégories, et finalement de généraliser. J'ai cela en horreur, et tout particulièrement lorsqu'il s'agit des grandes souffrances humaines. Je serais donc tenté de dire qu'il ne faut peut-être pas trop historiciser le deuil pour espérer en comprendre quelque chose. Savoir se taire, c'est important, parfois. Mais je vous l'ai dit, déjà…

HM : Vous avez raison, assurément, de ne pas vouloir écraser les singularités individuelles sous le poids de l'histoire collective et des appartenances sociales. Mais, en même temps, on ne peut nier, par exemple, l'intérêt historiographique d'une notion comme celle de « cercles de deuil ».

SAR : Peut-être, mais la notion de « cercle de deuil », que j'ai tenté de développer en effet, ne « prend pas en charge » les affects, si j'ose dire, les affects en eux-mêmes. C'est une notion qui se veut heuristique pour tenter de penser l'étendue des pertes subies, leur ampleur, non leur profondeur, non la souffrance de la perte en elle-même.

Car une des questions que je me suis posée était bien d'ordre démographique : combien de gens en deuil autour d'un mort à la guerre ? Notez bien que je ne parle pas d'*ayants droit*, mais de *gens en deuil* : un père, une mère, un enfant, mais aussi un grand-parent, un frère ou une sœur, ou encore un collègue proche, un ami, etc. C'est cela que j'ai appelé « cercle de deuil », et la notion m'a paru poser une bonne question, qui touche à la manière dont les acteurs sociaux ont été traversés, entre 1914 et 1918 (mais on pourrait appliquer la notion à d'autres conflits), par l'épreuve de la perte. Bonne question, oui, peut-être, mais réponse impossible. Car il n'existe pas, au début du XXᵉ siècle, de travail sociologique sur ce que l'on appelle aujourd'hui les « entourages ». J'avais donc tenté de réunir, avec l'aide d'Olivier Faron que tout cela intéressait vivement, des collections de faire-part afin de mesurer le nombre de ceux qui participaient à l'annonce de la mort au combat. Impasse, malheureusement. Bref, cette bonne question était destinée à rester sans réponse précise ; elle n'en reste pas moins puissamment heuristique, me semble-t-il. D'autant qu'on peut la retourner comme un gant : combien de morts autour d'un civil français, allemand ou britannique après 1918 ? Beaucoup, assurément, et c'est là l'immense problème des sociétés occidentales – européennes surtout – du « premier » XXᵉ siècle, sinon au-delà...

HM : Ce deuil de masse de l'après-18, disiez-vous avec Annette Becker, en empruntant d'ailleurs à la psychiatrie, a été une sorte de deuil inachevé, parce que « deuil infini », « interminable »[4]. De là, n'est-ce pas, le phénomène de « troisième génération » que vous avez vécu et constaté, cette sorte de « retour du refoulé » de la Grande Guerre au sein des sociétés occidentales de la fin du XXe siècle ?

SAR : Cette notion de « phénomène de troisième génération » provient en effet de spécialistes de la psyché ayant travaillé avec des descendants de rescapés de la Shoah. Pour le dire vite, la première génération a *subi* ; la suivante a grandi dans le silence ; la troisième, héritière de cette souffrance sédimentée sur les deux générations précédentes, pose les questions décisives.

Ne s'est-il pas passé quelque chose de comparable avec les combattants de la Grande Guerre ? On connaît leur silence, très général – silence sur l'essentiel en tout cas – au sein du cercle familial. Et c'est en effet la troisième génération – la mienne, en quelque sorte – qui a questionné ce silence. Mon père ne savait rien, ou ne voulait rien savoir (rien comprendre ?), de la guerre de Robert. Moi, si.

HM : Avec Emmanuel Saint-Fuscien, un historien très proche de vous, vous animez depuis cinq ans un séminaire à l'EHESS autour de « la guerre transmise » justement, lequel réunit – chose rarissime – des historiens

---

4. Stéphane Audoin-Rouzeau, Annette Becker, *14-18*, *op. cit.*, p. 258.

et des psychanalystes nombreux autour d'un même objet. C'est aussi que ce séminaire, vous l'avez hérité des psychanalystes Françoise Davoine et Jean-Max Gaudillière (disparu en 2015) – auteurs notamment d'un livre marquant intitulé *Histoire et trauma. La folie des guerres*[5]. Qu'appelez-vous, de votre côté, « la guerre transmise » ?

SAR : Lorsqu'un certain nombre de participants à ce séminaire m'ont demandé de le reprendre et de le poursuivre, après la mort de Jean-Max Gaudillière, ce titre – la guerre transmise – m'est venu spontanément. Il tentait de jeter une passerelle entre spécialistes de la psyché et historiens. La transmission intergénérationnelle des traumas de guerre, telle était leur affaire ; la mienne touchait davantage aux autres modalités de cette transmission : l'art, la littérature, le commémoratif, le discours politique, et, bien entendu, le récit historien... La guerre, décidément, est une activité sociale hautement transmissible par une multitude de canaux, y compris par le silence : « Ce que l'on ne peut pas dire, on ne peut pas le taire », disait Jean-Max Gaudillière. Emmanuel Saint-Fuscien et moi avons maintenu ce titre depuis : il exprime parfaitement, je crois, ce qu'est notre « projet », notre dessein plutôt, dans ce travail d'interlocution entre disciplines de la psyché et discipline historique.

---

5. Françoise Davoine, Jean-Max Gaudillère *Histoire et trauma. La folie des guerres*, Paris, Stock, 2006.

HM : Comment s'est passé ce travail en commun autour de ces héritages psychiques des conflits du XXᵉ siècle ? Pourquoi est-il si urgent selon vous d'organiser cette interlocution entre sciences sociales et disciplines de la psyché ?

SAR : Ce n'est pas un travail facile. Nous avons tenté d'énoncer ses difficultés principales dans l'introduction d'un numéro de la revue *Sensibilités* qui porte d'ailleurs pour titre « La guerre transmise[6] ». À l'endroit de la guerre et de ses effets sur les sociétés et les individus, se pose le grand malentendu des mots, qui ne recouvrent pas les mêmes sens de part et d'autre. En outre, deux notions en particulier nous ont paru très épineuses : celle de « fait » (faits psychiques et faits historiques ne coïncident nullement) ; et celle de « temps », car le temps existe avec une puissance rare pour les historiens (l'histoire est avant tout une réflexion sur le temps, et sur le changement dans le temps), là où la psyché, pour le dire de manière très sommaire, ne connaît pas le *passage* du temps.

Pourtant, je crois qu'il faut poursuivre l'effort d'interlocution. Non pas, de notre point de vue, de manière générale et tous azimuts, mais sur un objet bien précis : la guerre. La raison en est simple : aussi efficace que puisse être la discipline historique comme outil de connaissance du fait guerrier (n'est-elle pas *née* pour dire la guerre avant tout, depuis Hérodote et Thucydide ?), elle porte trop court pour la connaître

---

6. Stéphane Audoin-Rouzeau, Emmanuel Saint-Fuscien (dir.), « La guerre transmise », dossier, *Sensibilités. Histoire, critique et sciences sociales*, 10, novembre 2021.

à elle seule. Ce qui « reste » est trop important, car
le « caméléon » de l'activité guerrière, comme disait
Clausewitz, est d'une complexité infiniment trop
grande ; en outre, toute rencontre avec la guerre développe, chez ceux qui ont traversé l'épreuve, des effets
psychiques dont la connaissance est capitale pour
la compréhension de ce qui se *joue* dans le fait guerrier. Aussi difficile que cela puisse être, on ne peut
donc se passer, ici, des disciplines de la psyché, je m'en
suis convaincu depuis longtemps, notamment grâce au
travail avec le psychanalyste Roland Beller avec lequel
nous animions, à la MSH, au début des années 2000,
un séminaire intitulé « Sortir de la guerre ». Son
regard de diamant m'a plus appris que tous les livres
d'histoire...

HM : Que vous a-t-il appris par exemple ? Des
choses qu'en historien, il vous était impossible de
repérer, de déceler ?

SAR : Roland Beller – mort à cinquante-deux ans – a
beaucoup marqué aussi des chercheurs comme Manon
Pignot (qui, pour sa thèse, se débattait alors avec
des dessins d'enfants de la Grande Guerre, et à qui il
a appris à les regarder jusque sur son lit d'hôpital...)
ou encore Christian Ingrao... Il disposait d'une grande
culture historique, et il avait une capacité à voir à travers
nos propres textes et au-delà d'eux. Nous planchions,
et faisions plancher spécialistes de sciences sociales,
historiens, et aussi témoins des grandes tragédies du
XXe siècle. Dans ce que j'exposai pour ma part au
séminaire (des récits de deuil de guerre, par exemple),

et alors qu'il n'avait aucun accès direct aux sources utilisées, il discernait des détails qui changeaient ma lecture et mes interprétations. Jamais auparavant, et jamais ensuite, je n'ai reçu une *leçon* d'histoire pareille. Sa pensée, en outre, était circulaire et non pas linéaire comme l'est souvent le raisonnement historien...

Le séminaire était si intense que nous avions décidé d'en faire un livre. Roland Beller est mort avant sa réalisation et c'est un des grands regrets de ma vie d'historien, de ma vie tout court...

HM : Depuis mon enfance, je suis frappé de constater une sorte de lent rééquilibrage entre les mémoires des deux conflits mondiaux. Les cérémonies commémoratives du 8 mai 1945 paraissaient naguère bien plus suivies et importantes que celles du 11 novembre 1918. À quoi attribuez-vous cette place croissante prise par 14-18 dans la mémoire collective depuis une vingtaine d'années au moins ?

SAR : Vous avez tout à fait raison, je suis frappé comme vous par ce « rééquilibrage ». Comme l'a souligné Raphaëlle Branche, les années de la guerre d'Algérie ont été, dans la mémoire collective française, celle d'une « bascule » de la Première Guerre mondiale vers la Seconde, qui s'affirme alors[7] ; et puis, les années 1990 ont vu un mouvement en sens inverse (même si la Seconde Guerre mondiale a conservé une prééminence), un mouvement si sensible

---

7. Raphaëlle Branche, « *Papa, qu'as-tu fait en Algérie ? » Enquête sur un silence familial*, Paris, La Découverte, 2021, p. 285.

d'ailleurs qu'il a conduit l'IHTP, alors sous la direction d'Henry Rousso, et le Centre de recherche de Péronne, à travailler un long moment ensemble[8]. Le travail avec Henry Rousso, pour lequel j'ai la plus grande admiration, n'est d'ailleurs pas terminé. Sans ce mouvement de fond qui a remis la Grande Guerre à l'avant-scène, on ne saurait imaginer ce que furent les cinq années du Centenaire de la Première Guerre mondiale, entre 2014 et 2018. Plusieurs choses ont joué, je crois : l'effondrement de l'URSS et du communisme à l'Est a fait disparaître, finalement, le dernier avatar idéologique et géopolitique de la Grande Guerre en Europe, car tout procède ici de la révolution de 1917 et de la victoire bolchevique. À la suite de cet écroulement, c'est la carte centre-européenne largement issue des « traités de la banlieue parisienne » de 1919-1920 qui s'est trouvée profondément remodelée. Et puis, à partir de 1992, la guerre est revenue en Europe, et pas n'importe où : en Bosnie, à Sarajevo en particulier, qui avait été le point de départ de l'étincelle qui avait embrasé l'Europe de 1914. Le « court » XXe siècle a semblé se clore ici, à la charnière de cette fin des années 1980 et du début de la décennie suivante : tout cela me paraît avoir contribué à nous ramener aux sources de ce siècle et à l'événement qui l'a orienté dans sa dimension la plus tragique : la Grande Guerre.

Cela étant dit, je crois que s'est produit aussi, parallèlement, un phénomène de « troisième génération » que

---

8. Stéphane Audoin-Rouzeau, Annette Becker, Chritsian Ingrao, Henry Rousso (dir.), *La Violence de guerre, 1914-1945. Approches comparées des deux conflits mondiaux*, Paris, Complexe, 2002.

j'évoquais plus haut, bien identifié après la Shoah, et dont je suis un parfait représentant : après la première génération qui a directement subi l'événement 14-18, la seconde a vécu dans une forme de silence, en particulier familial, à l'endroit de ce dernier. C'est la troisième génération – la mienne, en somme – qui a posé les questions et qui, de ce fait, a contribué à redonner sa place actuelle à la Grande Guerre. Pour combien de temps ? Impossible de le dire...

HM : Vous m'avez confié récemment combien il est d'ailleurs frappant de constater que les deux crises les plus tragiques de la France contemporaine – les attentats du 13 novembre 2015 et les débuts de la pandémie du Covid-19 en 2020 – ont été aussitôt rabattues sur 14-18. Comment l'expliquer ? Pourquoi la Grande Guerre est-elle devenue selon vous l'événement référent par excellence ?

SAR : Cela me frappe beaucoup en effet, et j'espère même pouvoir y consacrer un petit livre. Après les attentats de novembre 2015, tout se passe comme si notre pays était « entré en guerre » dans des formes souvent assez comparables, en termes de mobilisation sociale, à celles de l'été 1914 (toutes proportions gardées, bien entendu). C'est ainsi que le pouvoir politique en appelle à l'« Union sacrée » – cette trouvaille sémantique directement issue de la Grande Guerre et dont le président Poincaré fut l'auteur dans son message aux Chambres du 4 août 1914. Plus explicite encore : lors du début de la pandémie, le président Macron, en déclarant la France « en guerre » contre

le virus, a fait directement référence à la Grande
Guerre en maniant la métaphore des différentes
« lignes de défense », en érigeant les soignants en
soldats d'un nouveau genre (qui ne « meurent » pas
mais qui « tombent »), en allant jusqu'à reprendre
mot pour mot les inventions sémantiques de la culture
de guerre de 1914-1918 (« Nous tiendrons », « Ils
ont des droits sur nous », etc.). Et les politiques lui
répondent souvent en maniant à leur tour d'autres
mots de la Grande Guerre. Cela montre qu'en France,
et en France exclusivement à ma connaissance, dès lors
qu'une crise nouvelle et grave se produit – une crise
qu'il faut combattre tout en lui donnant du sens –,
le premier conflit mondial constitue le grand *référent*
auquel on peut se raccrocher, le seul peut-être que
l'on pense capable de mobiliser le corps social tout
en prodiguant à la fois explication et promesse de
victoire sur l'adversité. Pourquoi ? Parce que la guerre
de 1914-1918 demeure finalement la grande tragédie
de notre contemporain, bien avant la Seconde Guerre
mondiale, sans même parler de l'Indochine et de
l'Algérie.

VII

LE RWANDA,
UN *HAPAX* EXISTENTIEL

HM : En 2008, votre vie de chercheur a brusquement basculé. Après trente années de recherches consacrées au premier conflit mondial et, plus largement, à la violence de guerre, cet « objet » – le génocide des Tutsi rwandais de 1994 – a littéralement bouleversé toute votre approche, subvertissant tous vos centres d'intérêt antérieurs, sinon bien plus encore[1]. Que s'est-il passé au juste ?

SAR : Quatorze ans après la fin de ce génocide, lorsque j'ai été invité à un colloque à Kigali en avril 2008, j'ai accepté immédiatement. Le colloque se déroulait, dans un luxueux hôtel de la capitale et l'atmosphère était celle d'un colloque « habituel » (presque trop habituel), à ceci près que les rescapés étaient nombreux, à commencer par les jeunes de l'Association des étudiants rescapés du génocide (forcément encore enfants en 1994), qui « encadraient » la réunion de leur présence silencieuse.

---

1. Stéphane Audoin-Rouzeau, *Une initiation. Rwanda, op. cit.*

Et dès la première matinée, lors de la pause, dans la file d'attente qui s'était formée pour le café, une femme s'est retournée vers moi, une femme que je ne connaissais pas, à qui je n'avais jamais parlé et à qui je n'avais rien demandé. Sans transition aucune, elle me lança : « Quand on a tué mes enfants sur mon dos... » Je n'ai aucun souvenir de la suite de sa phrase, de ce qui a suivi cette effraction. Cette phrase, j'ai même omis de la noter, moi qui note tout dès lors que je me trouve sur un « terrain ». Ma plume, le soir, l'a oubliée, mais mon esprit, jamais. Bien sûr, d'autres phrases, prononcées par d'autres rescapés, me furent lancées les jours suivants, consacrés à la visite des grands lieux de massacre, ainsi qu'à la participation aux commémorations nationales et locales. Tout cela n'a duré que quelques jours. Mais j'ai compris immédiatement qu'un basculement avait eu lieu.

Mes objets de recherche habituels se sont trouvés subitement comme démonétisés : je ne voyais plus pourquoi la Grande Guerre m'avait si longtemps retenu. Mais il y a eu aussi d'autres suites : car ce basculement m'a conduit, m'a forcé plutôt, à prendre des positions qu'auparavant je désapprouvais nettement – que je désapprouve peut-être toujours – mais que j'adopte pourtant : jouer le rôle de témoin dans les procès des génocidaires rwandais en cour d'assises, par exemple ; ou m'engager politiquement, aux limites de l'activisme, dans la dénonciation du rôle joué par la France au Rwanda, comme je l'ai fait lors du printemps 2021...

HM : Avant d'explorer les formes prises par cet engagement et de revenir sur ce *saisissement*, pourriez-vous revenir au préalable sur votre « indifférence » initiale à ce qui se déroulait en 1994 au Rwanda : le massacre délibéré d'un million de Tutsi en l'espace de trois mois seulement, entre avril et juillet 1994 ?

SAR : Lorsque le génocide des Tutsi rwandais a commencé, le 7 avril 1994, je n'ai rien vu, absolument rien vu. Et je considère que cet aveuglement est sans excuse : j'avais presque quarante ans, l'année suivante, j'allais devenir professeur d'université, j'étais spécialiste des violences de guerre contemporaines, et le génocide des Arméniens s'inscrivait dans le spectre de mon objet de recherche principal. Je disposais donc d'un peu plus de moyens que d'autres pour *voir*. Mais le racisme inconscient s'était révélé un redoutable écran, un puissant obstacle pour m'empêcher de *voir*, précisément.

HM : Qu'entendez-vous ici par « racisme inconscient » ?

SAR : « Il y a au fond de chacun de nous un goujat insolent et obtus », a écrit un jour Marguerite Yourcenar dans *Le Coup de grâce*. C'est de cela qu'il s'agit avec le racisme inconscient, lui qui se love, ou peut se lover, chez tout un chacun. C'est aussi le seul sur lequel on puisse espérer agir vraiment. Il m'est arrivé de sentir sa prégnance en moi, et je ne vois pas pourquoi je ne vous le dirais pas. C'est lui, j'en suis persuadé, qui m'a fait passer à côté du dernier

génocide du xxᵉ siècle lorsque celui-ci s'est déployé
en avril 1994.

HM : En exergue de votre livre *Une initiation.*
Rwanda (1994-2016), se trouve cette citation tirée
de *Notre jeunesse* de Charles Péguy, un auteur que
vous affectionnez particulièrement : « Il faut toujours
dire ce que l'on voit : surtout il faut toujours, ce qui
est plus difficile, voir ce que l'on voit. »

SAR : Et je suppose que vous me demandez pourquoi ? Cette citation qui se rattache à l'affaire Dreyfus,
je la détourne évidemment de son sens originel. Elle
veut exprimer mon horreur du déni, mon mépris
pour les regards qui se détournent en refusant tout
face-à-face – ma détestation de l'inconscience, finalement... Cela s'applique assez bien au Rwanda, vous
ne trouvez pas ? En tout cas dans mon cas...

HM : Depuis bientôt quinze ans, à la faveur notamment de votre collaboration avec Hélène Dumas,
qui maîtrise le kinyarwanda, vous avez voyagé de
nombreuses fois au Rwanda, y nouant des liens
durables. Comment la mémoire du génocide a-t-elle
évolué sur place ?

SAR : Plutôt que de vous parler directement
« mémoire », je préfère évoquer celle-ci à travers
l'activité commémorative, qui permet d'objectiver
au moins un certain nombre de traits. Il me semble
qu'au cours des années 2000, la commémoration du
génocide était marquée par une immense tension qui

se lisait notamment lors des cérémonies : au cours de cette période d'avril, il y avait des risques d'attentat, des rescapés étaient assassinés, les chants et les témoignages étaient d'une dureté atroce, les « crises traumatiques » des rescapés emplissaient les lieux de commémoration, comme le stade Amahoro de Kigali qui, parfois, dut être entièrement évacué pour cette raison...

Mais depuis quelques années – cela était net en 2019 lors de la 25e commémoration –, cette mémoire s'est « normalisée », au nom d'un dépassement du traumatisme collectif et d'une projection du pays vers l'avenir, hors de toute distinction ethnique (la mention de l'ethnie n'existe plus au Rwanda...). La commémoration nationale n'a plus lieu désormais que tous les cinq ans. Certains lieux de massacre comme l'église de Ntamara se sont adaptés au *dark tourism* contemporain. On peut comprendre que les choses se passent ainsi, mais je dois dire que je ne me sens pas très à l'aise avec ce commémoratif si contrôlé, vidé en partie de la douleur immense qui s'exprimait autrefois...

HM : Vous avez été très marqué, très éprouvé aussi à l'époque (comme ceux qui voyagèrent avec vous) par les reviviscences de ces vécus de terreur lors des cérémonies commémoratives du génocide. Soit ces émotions paroxystiques et hautement contagieuses, suscitées ou non par des témoignages, mais qui accompagnaient de manière récurrente ces cérémonies, *via* de terribles de crises de convulsions et/ou des cris atroces de femmes – d'hommes aussi, quoique dans une proportion moindre – qui semblaient revivre au présent les scènes de viol, de massacre et d'extrême cruauté de 1994. D'autant qu'au Rwanda, dites-vous, l'expression bruyante des affects est d'ordinaire quelque chose de proscrit...

SAR : Oui, c'est une expérience déchirante que ces « crises traumatiques » (c'est la terminologie rwandaise, mais cette notion n'apparaît pas dans la nosographie internationale), au cours desquelles des victimes entrent en transe au cours des commémorations et doivent être évacuées de force et en urgence. Parfois, s'ensuit une prise en charge hospitalière de plusieurs jours. Très clairement, il s'agit en effet de reviviscences de « ce qui a eu lieu » en 1994 (les hurlements des victimes verbalisent en effet ce qu'elles voient, et ce qu'elles voient, ce sont les tueurs qui arrivent). Il y a quelques années, ces crises pouvaient prendre un tour panique empêchant parfois la poursuite des cérémonies. Les choses sont désormais davantage sous contrôle : un encadrement « secouriste » très bien rodé s'est mis en place, et le niveau de violence des témoignages énoncés face à la foule (qui souvent déclenchaient les crises) s'est nettement abaissé. Il n'empêche : c'est en étant confronté à ce type de crises que l'on se rend compte que le temps du massacre ne « passe » pas pour tant de survivants, ne peut pas passer.

HM : Comment comprendre selon vous le fait que, depuis 2012, des jeunes n'ayant pas connu le génocide entrent en crise à leur tour ?

SAR : Un psychiatre rwandais, le docteur Darius Gishoma, a écrit sur ces crises traumatiques une très longue thèse qui ne peut être résumée ici. Mais ce que l'on peut dire est que le choc de l'expérience du génocide ne s'arrête assurément pas à la génération des victimes directes. Il emprunte le chemin de la filiation et frappe leurs descendants, même si les victimes directes sont restées silencieuses. Et peut-être surtout si elles l'ont été.

HM : Sur cette question ô combien énigmatique des traumatismes reçus en héritage, que pensez-vous de la façon dont les sciences expérimentales s'en emparent ? Je veux parler ici notamment de l'épigénétique, laquelle s'intéresse aux transformations que certaines expériences de stress traumatiques peuvent faire subir à notre ADN, induisant, par des marques biochimiques, une modification des gènes et la transmission de certains caractères acquis à travers les générations[2].

SAR : Je me ridiculiserais à coup sûr en répondant directement à votre question et en prétendant donner mon avis sur un sujet sur lequel je ne dispose d'aucune compétence. De manière indirecte, disons que je ne suis pas si surpris : il me semble, et depuis longtemps, que la psyché humaine peut tout « faire », absolument tout...

---

2. Tamara B. Franklin *et al.*, « Epigenetic Transmission of the Impact of Early Stress Across Generations », *Biological Psychiatry*, 68/5, p. 408-415.

HM : Dans *De l'angoisse à la méthode dans les sciences du comportement* (1967)[3], Georges Devereux, le père de l'ethnopsychiatrie, invitait les chercheurs en sciences sociales, notamment lorsqu'ils travaillent sur des objets aussi brûlants que les vôtres, face auxquels il est impossible de « glacer le regard » (pour prendre l'une de vos expressions), à se lancer dans l'analyse du contre-transfert de l'observé sur l'observateur (affects générés, mécanismes de défense, omissions, projections de fantasmes, mécanismes compensatoires, etc.).

Attentif aux sciences exactes de son époque, s'appuyant sur l'enseignement d'Einstein et sur l'impérative nécessité de compter avec la position de l'observateur dans un univers relativisé, sur celui aussi d'Heisenberg démontrant que le procédé même de l'observation change les événements ou influe sur les êtres observés, il invite ainsi à exploiter les effets retour de l'observé sur l'observateur, à réfléchir à la nature de cette perturbation. À même de produire des prises de conscience essentielles, cette réflexivité accrue du chercheur, cherchant moins à s'effacer qu'à s'autoanalyser jusque dans les mécanismes inconscients de ses résistances et les distorsions qu'il fait subir au réel observé, constituerait selon lui « la voie royale vers une objectivité authentique plutôt que fictive ».

N'est-ce pas ce que vous voulez dire quand vous écrivez au sujet du génocide des Tutsi rwandais : « C'est quand notre subjectivité est la plus engagée qu'on a

---

3. Georges Devereux, *De l'angoisse à la méthode dans les sciences du comportement* [1980], Paris, Flammarion, 2012.

le plus de chance d'être objectif[4]. » Qu'avez-vous fait finalement de toute cette angoisse ?

SAR : Je dois vous avouer que je n'ai pas beaucoup réfléchi à cet effet de retour de l'observé sur l'observateur, et que la phrase que vous citez sur la subjectivité comme voie d'accès à l'objectivation a ici une signification plus simple. Bien d'autres avant moi, dont Alain Corbin ou encore Arlette Farge, en sont arrivés à la même conclusion. J'expliciterais les choses de la façon suivante : lorsque vous êtes en situation de « rencontre » dans un lieu comme le Rwanda, lorsque vous visitez les lieux de massacre avec toutes les traces si visibles encore, que vous rencontrez des rescapés à la vie saccagée pour toujours par ce qu'ils ont subi, il me semble que le choix d'une *distance* de « chercheur » ou de « chercheuse » en train d'effectuer son « terrain » a quelque chose d'indécent. Lorsque je suis au Rwanda – et lorsque j'y suis, c'est toujours du côté de ceux qui ont supporté le pire –, c'est pour m'y jeter sans réserve aucune. Peut-être alors ai-je quelque chance de *comprendre*, tout simplement, ce qui s'est joué là,

---

4. Stéphane Audoin-Rouzeau, *Une initiation, op. cit.* À quoi fait écho également, au sujet du XIXᵉ siècle, ce propos d'Alain Corbin : « Ce rapport subjectif instauré entre l'auteur et l'objet de son travail condamne tout refoulement. Là réside le paradoxe fondamental, niché au cœur de cette histoire : c'est lorsqu'il engage son affectivité, lorsqu'il fait jouer son imagination que l'historien a le plus de chances de réussir à se dépouiller de qualité d'homme du XXᵉ siècle, d'effectuer la nécessaire prise de conscience de la distance qui le sépare de son objet et, finalement, de comprendre les générations précédentes » (Alain Corbin, « Le vertige des foisonnements. Esquisse panoramique d'une histoire sans nom », *Revue d'histoire moderne et contemporaine*, janvier-mars 1992, p. 106).

pendant ces trois mois de 1994. Et ce que j'ai *peut-être* compris, je peux *peut-être* tenter de le restituer ensuite, dans le champ des sciences sociales. C'est en cela que j'ai dit qu'une subjectivité engagée, la plus engagée possible même, peut constituer une clef d'objectivation. Parce qu'entre ces deux pôles apparemment antinomiques, se loge une opération essentielle : celle qui consiste à comprendre.

HM : Faut-il voir dans votre changement d'objet comme un passage « de l'archive au terrain » ? Comme une mue de l'historien en anthropologue ? Comment définiriez-vous, plus précisément, le statut de la recherche que vous menez aujourd'hui sur le Rwanda ?

SAR : Au risque de vous décevoir, je voudrais dire d'abord qu'à proprement parler, je ne mène pas de « recherche » au Rwanda, et que je ne me considère pas comme un « chercheur » sur ce pays. J'ai beaucoup travaillé sur ce sujet depuis 2008 mais, passé un certain âge, on ne peut refaire tout un apprentissage, un tel effort est sans espoir. On ne peut devenir un spécialiste dans un domaine absolument nouveau, tellement éloigné de ses « bases » initiales. Il faut se résigner à n'être qu'un « passeur » : vers le public d'une part, et en essayant d'aider les plus jeunes à se hisser au premier plan de la recherche, d'autre part. Pour prendre une métaphore : mon navire était trop lourd pour explorer les anfractuosités d'un tel domaine, il m'aurait fallu une pirogue dont seuls disposent les chercheurs de vingt ans. Mais leur pirogue, on peut tenter de la guider de loin, grâce à l'expérience de recherche acquise en sciences sociales, et c'est ce que j'essaie de faire...

D'ailleurs, votre question me fait penser que c'est sans doute le Rwanda qui m'a fait le plus regretter d'être historien plutôt qu'anthropologue. Après mes premiers séjours au Rwanda, je nourrissais un phantasme de « terrain », justement : m'installer à Kibeho, ce lieu central des apparitions mariales au Rwanda quelques années avant le génocide, et m'attaquer à l'immense massacre qui eut lieu dans l'église. Bref, prendre de front la question religieuse, toute la dimension sacrale du massacre... Mais comment s'installer dans un lieu pareil pendant des mois et des mois, à plus de cinquante ans, un carnet de notes et un magnétophone à la main ? Et je ne parle même pas de l'indispensable apprentissage de la langue... Il n'empêche que votre intuition est exacte : le « terrain » rwandais m'a fasciné et me fascine toujours. Il a beaucoup fait pour me mettre en défiance à l'égard de l'histoire et de ses protocoles de recherche, à l'égard de son goût immodéré de l'archive par exemple : je songe à cette fascination qu'exerce si souvent la trace écrite sur notre profession, alors que tant de choses échappent à l'écriture. À commencer par les phénomènes de violence extrême, précisément...

HM : Et, en même temps, il y a bien là un lieu de rencontre décisif, à mon sens, entre l'histoire et l'anthropologie : ne peut-on dire en effet que le génocide des Tutsi rwandais de 1994 doit aussi beaucoup à l'héritage colonial et à son legs en termes d'« ethnicité » ? Les administrateurs coloniaux allemands, puis belges, influencés par la théorie fantaisiste de l'origine éthiopienne des Tutsi, ont finalement inventé deux groupes ethniques distincts, dont, rappelons-le, la mention se trouva longtemps précisée sur les cartes d'identité. Cette distinction ethnique largement fantasmée, maintenue et accentuée plus d'un siècle durant, n'est-elle pas essentielle dans la longue genèse du génocide ? Le recours à l'histoire n'est-il pas essentiel ici pour éclairer la naissance et l'approfondissement de cette distinction « nous/eux » ?

SAR : Vous avez parfaitement raison, et cela a été magistralement exposé dans un grand livre de Jean-Pierre Chrétien et Marcel Kabanda[5]. L'ethnicité, au Rwanda, est une *construction*, et une construction bâtie tout d'abord par les premiers voyageurs européens arrivés sur place à la fin du XIXe siècle, qui regardent avec leurs lunettes occidentales de l'époque une société complexe et qui leur échappe. Ils lisent celle-ci en termes essentiellement ethniques et raciaux, en plaquant sur elle des schémas de domination sociale directement issus de leur propre histoire.

Ces schémas ont été intériorisés très vite et très profondément dans la région des Grands Lacs, avant d'être littéralement manipulés par le colonisateur belge qui a assigné à chacun son rôle social en fonction de ses propres définitions ethno-raciales (d'où les cartes d'identité avec la mention ethnique à partir des années 1930, qui furent autant de passeports pour la mort en 1994 dès lors que l'on était tutsi). Telle est l'origine de l'idéologie

---

5. Jean-Pierre Chrétien, Marcel Kabanda, *Rwanda. Racisme et génocide. L'idéologie hamitique*, Paris, Belin, 2013.

génocidaire, devenue ensuite performative et traduite en actes par les extrémistes *hutu power* de 1994. C'est en cela que ce génocide est « notre histoire » : sans l'instillation dans cette région des schèmes racistes européens, dès la fin du XIXe siècle et au cours de la première moitié du siècle suivant, le terreau idéologique aurait manqué pour le déploiement d'un génocide « moderne » comme celui d'avril à juillet 1994.

HM : Comment s'est déroulé votre travail au quotidien sur le terrain rwandais ? Notamment votre collaboration avec Hélène Dumas, votre ancienne doctorante, l'autrice de ces deux livres si marquants, si décisifs que sont *Le Génocide au village* et *Sans ciel ni terre*[6] ?

SAR : Lorsque je suis au Rwanda en compagnie de cette chercheuse d'exception – j'évite d'ailleurs de m'y trouver longtemps sans elle, car il me manque alors les points de repère, les réseaux personnels et la maîtrise de la langue permettant d'effectuer quelque travail que ce soit –, je me laisse guider vers les lieux et les gens. Le temps se répartit entre visites des lieux de massacre (les églises, au premier chef), parcours au travers des paysages qui ont abrité les Tutsi en fuite, échanges avec des rescapés, rencontres avec des groupes de parole, participation aux cérémonies nationales et aussi locales... Mes expériences les plus marquantes ont trait à l'offre de ce que l'on peut donner sans doute

---

6. Hélène Dumas, *Le Génocide au village*, op. cit. et *Sans ciel ni terre. Paroles orphelines du génocide des Tutsi, 1994-2006*, Paris, La Découverte, 2021.

de plus précieux dans ce pays : il y a quelques années, une première vache apportée à une paysanne (Joséphine Kampire, dont je parle dans le livre que vous citez, qui avait beaucoup guidé Hélène Dumas pendant son travail de thèse) ; et une seconde donnée en 2019 à un groupe de rescapées groupées autour d'Émilienne Mukansoro (une amie ayant survécu et qui est aussi leur thérapeute), au cours d'une cérémonie d'accueil que je n'oublierai jamais. C'est comme cela que j'ai appris le peu que je sais ; c'est comme cela que j'apprends.

HM : Pardonnez-moi de revenir ici sur un sujet sans doute douloureux. Mais comment, avec le recul, expliquez-vous qu'Hélène Dumas et vous-mêmes ayez été écartés de la commission sur le Rwanda présidée par l'historien Vincent Duclert – que vous connaissiez de longue date par ailleurs.

Je rappelle que cette commission, constituée en avril 2019 à la demande du chef de l'État, Emmanuel Macron, avait pour mission d'ouvrir et de dépouiller les archives françaises en vue d'éclairer le rôle de la France au Rwanda depuis 1990 jusqu'au génocide des Tutsi rwandais de 1994.

La communauté des historiens s'en est profondément émue à l'époque, d'autant que ladite commission ne comportait aucun spécialiste de l'Afrique des Grands Lacs, ni aucune personne parlant le kinyarwanda et qu'elle n'était pas exempte, par ailleurs, on allait le découvrir, de chercheurs dont on pouvait discuter fermement la neutralité…

SAR : À l'époque, je travaillais beaucoup avec le CDEC (Centre de doctrine et d'enseignement du commandement), à l'École de guerre, alors dirigé par le général Facon. Après mon exclusion de la commission (actée en fait dès la fin février 2019 quand il fut demandé à Vincent Duclert d'en prendre la tête lors d'une réunion de la « Cellule Afrique » à l'Élysée), un des officiers du CDEC avec lequel j'avais alors beaucoup de contacts m'a lancé : « Monsieur le professeur, *ici*, on est très ennuyé de ce qui vous est arrivé. Ce n'est pas nous. C'est l'*ancienne Défense…* » Il voulait dire que ce n'était pas l'armée qui avait fait pression sur le pouvoir politique (contrairement à ce que certains croyaient), mais un certain nombre de personnalités « mitterrandiennes », très présentes dans les cercles du pouvoir depuis leur ralliement à Macron en 2017, et qui m'avaient parfaitement repéré comme hostile à leurs intérêts. Ces derniers ont fait pression sur le chef de l'État qui, quelques mois auparavant, m'avait assuré personnellement qu'il souhaitait me « mandater » (je le cite *verbatim*) sur les archives françaises.

Les choses ont donc très mal commencé. Cette exclusion, qui concernait aussi Hélène Dumas, a eu plusieurs conséquences : certains spécialistes du Rwanda ont alors refusé de faire partie de la commission, si bien que celle-ci s'est trouvée dépourvue de toute expertise préalable sur son propre sujet, au prix d'un mensonge d'État (le milieu des spécialistes étant clivé, disait-on à la cellule Afrique, mieux valait s'en affranchir afin qu'ils n'importent pas leurs polémiques dans le travail collectif !) ; au prix également d'une défiance profonde de la part du milieu universitaire et de celui des journalistes spécialisés ; plus tard, la découverte dans la commission d'une personnalité profondément engagée dans la défense de l'action d'Hubert Védrine et de l'armée française au Rwanda a suscité une seconde crise et a accru la défiance générale. Mais je ne souhaite pas m'étendre trop longuement sur le sujet, car tout cela est aujourd'hui dépassé : à la sortie de son rapport, Vincent Duclert et moi nous sommes en quelque sorte « retrouvés » pour combattre du même côté de la barricade, et ce n'était pas une mince affaire, tant des intérêts antagonistes étaient en jeu. Et nous avons fait partie de ceux qui l'ont emporté.

HM : Que pensez-vous des conclusions du rapport Duclert remises au chef de l'État en mars 2021[7] ? Ne sont-elles pas concordantes en définitive avec ce que vous aviez déjà compris et écrit au préalable quant au rôle et à la responsabilité de l'armée française au cours des terribles événements de l'été 1994 ?

SAR : Tout à fait concordantes en effet, mais il n'y a là aucune prescience de ma part ! En fait, dans ses grandes lignes, toute la « question française » (c'est-à-dire la politique suivie au Rwanda entre 1990 et 1994, voire 1995) était en quelque sorte déjà « sur la table » bien avant la formation de la commission. Les archives étaient fermées, certes, mais beaucoup de documents étaient néanmoins sortis ; des témoignages accablants avaient été produits ; des documentaires et

---

7. Vincent Duclert (dir.) *La France, le Rwanda et le génocide des Tutsi (1990-1994)*, rapport remis au président de la République, 26 mars 2021.

des ouvrages incisifs, diffusés ; des banques de données militantes étaient utilisables... Le rapport Duclert a bouché les trous, relié les éléments connus, en a ajouté beaucoup d'autres ; il a approfondi nos connaissances et, dans son dernier et très long chapitre, mis les choses en perspective. Il a ainsi officialisé une vérité nouvelle (d'ailleurs reçue presque unanimement par les médias de tous bords et par certains acteurs de premier plan de l'époque comme Alain Juppé ou le général Sartre[8], puis par Nicolas Sarkozy – la gauche ayant été la grande absente sur ce terrain, à quelques rares exceptions près, la gauche socialiste en particulier, et c'est une honte indépassable...). Puis, deux mois plus tard, le président de la République a institutionnalisé cette vérité nouvelle à Kigali, dirimant un « avant » d'un « après » : j'en ai éprouvé un sentiment de soulagement immense. Certes, le rapport Duclert n'est pas un point final, le combat pour une vérité complète doit continuer, mais le terrain sur lequel il se déroule désormais n'est plus du tout le même...

C'est là que je rebondis sur votre question et sur la « responsabilité de l'armée française ». À dire vrai, ce que pointe le rapport Duclert a trait à la responsabilité des *politiques*, de François Mitterrand au premier chef avec un tout petit groupe autour de lui, qui a préempté la politique française au Rwanda en ignorant les procédures normales et les voix divergentes qui s'exprimaient partout au sein de l'État. Sans hésitation aucune, je les appelle des « assassins de papier » Dès lors, ce n'était

---

8. Commandant le GIAR (Groupe interarmes au Rwanda) pendant l'opération Turquoise, soit à peu près la moitié de son potentiel de combat.

pas à l'armée française de « porter le chapeau » (ce qu'elle redoutait beaucoup d'avoir à faire, d'ailleurs...). Il n'empêche qu'à mon sens, le rôle des militaires français au Rwanda n'est le point fort ni du rapport Duclert, ni du rapport Muse, côté rwandais. C'est d'ailleurs là que manquent des archives parmi les plus décisives (comme celles du 1er RPIMA[9]). Il convient donc à mon sens de prolonger le travail de la Commission Duclert sur la question de l'« opérationnel » au Rwanda entre 1990 et 1994, autour des questions suivantes : qu'ont fait *exactement*, sur le terrain, les forces françaises ? Dans quelle mesure ont-elles été jusqu'à une forme de cobelligérance avec le régime génocidaire, avant puis pendant l'opération Turquoise ? De la réponse à ces questions dépend en partie l'appréciation de la notion de « complicité » française. Autre question douloureuse : de quelles agressions sexuelles les soldats français se sont-ils sur place rendus coupables ? Le viol collectif de mars 1993 est le seul qui apparaisse dans le rapport Duclert, car c'est aussi le seul qui soit documenté dans les archives. Mais je suis hélas persuadé que d'autres agressions se sont produites, notamment pendant Turquoise. En disant cela, je précise que je ne m'adonne pas à un quelconque antimilitarisme. C'est bien plutôt l'inverse. Car lorsque l'on éprouve, comme c'est mon cas, un respect profond pour ceux qui ont choisi le métier des armes, on ne peut tolérer que l'uniforme qu'ils portent soit souillé par des fautes morales aussi graves. Le port des armes me paraît inséparable d'une haute exigence éthique.

---

9. Le RPIMA est le 1er régiment de parachutistes d'infanterie de marine.

VIII

L'ENSEIGNANT-CHERCHEUR ENTRE ENGAGEMENT ET DISTANCIATION

HM : Comme on vient de le voir, c'est finalement le rôle controversé de la France dans cette immense tragédie rwandaise qui vous a incité à vous engager, à prendre plus que jamais position dans la Cité. Ce qui n'allait pas du tout de soi pour vous. D'où venait votre réserve politique jusqu'alors ?

SAR : Je vous l'ai dit, je me méfie de l'engagement, je me méfie de la conviction politique, et de tout militantisme. Je m'en méfie parce que je ne crois pas vraiment à mes propres opinions politiques, et très généralement, en ce domaine, je *doute*. Il n'y avait rien là d'une position éthique soigneusement réfléchie, je tiens à le dire.

Et puis, avec le Rwanda, il s'agissait d'un objet nouveau qui m'a saisi à la gorge. J'ai bien essayé de ne pas monter en première ligne en termes d'engagement dans la Cité (cela m'a d'ailleurs été reproché par certains militants...), et j'ai tenté de maintenir prioritairement un agenda de recherche centré sur le génocide lui-même et non sur la question du rôle de la France. Mais parler du génocide des Tutsi rwandais en tant que tel, c'était déjà une forme d'engagement, compte tenu du refus de voir, de connaître, au sein de notre société.

En fait, la question de la France m'a inévitablement rattrapé et m'a conduit, au cours de la période très intense allant de la sortie du rapport Duclert (26 mars 2021) au discours du président à Kigali (27 mai), jusqu'à une forme d'activisme militant indiscutable. Je ne suis pas certain de m'approuver moi-même après-coup, ni d'approuver certains de mes propos, très agressifs, prononcés dans les médias à cette occasion, mais je tiens à dire que je ne regrette rien. La victoire que nous avons remportée contre le déni français était à ce prix. Je fais mien ce bel axiome de Pierre Chaunu (dont je n'ai jamais approuvé les positions politiques, je vous rassure…) : « Je ne conçois pas que l'on puisse traverser une vie sans être, une fois, vraiment pris à la gorge par une cause[1]. »

HM : En sciences sociales, et plus spécifiquement en histoire, on constate, chez un nombre grandissant de chercheurs, un progressif abandon de l'idéal wébérien de « neutralité axiologique ». Sans doute d'abord parce qu'il est proprement inatteignable. Mais aussi parce que certains considèrent, avec force arguments, qu'un tel apolitisme est déjà politique et foncièrement

1. Pierre Chaunu, « Le fils de la morte », *in* Pierre Nora (dir.), *Essais d'ego-histoire*, Paris, Gallimard, 1987, p. 93.

conservateur en réalité. D'autres estiment en revanche qu'il faut conserver ce principe de neutralité comme une idée régulatrice, comme un horizon nécessaire, au sens où cet idéal de distanciation nous rendrait meilleurs historiennes et historiens. L'effort de compréhension du passé (« comprendre » au sens de Marc Bloch[2]) supposerait en effet de savoir ne pas ériger l'histoire en tribunal *a posteriori*. Et puis se méfier de nos préférences idéologiques, ce serait également répondre à l'appel d'un Michel de Certeau, invitant les historiens à se garder « des arguments idéologiques moulés en enquêtes historiographiques ».

Le fait est qu'aujourd'hui il y a là une ligne de fracture majeure qui traverse la plupart des débats en sciences sociales et qui accompagne la multiplication des travaux historiques ou sociologiques visant une forme d'efficacité politique au présent.

SAR : Je suis bien d'accord, mais parfois, il n'est guère possible de ne pas s'affranchir de ces excellents garde-fous, dont je reconnais pourtant toute la valeur. Tout le problème, pour moi, c'est quand la vie humaine a été ou est en question : c'est le cas avec le million de morts du Rwanda en 1994.

Ce que je ne supporte pas, en revanche, c'est une manière de faire de la politique *à travers* la recherche en sciences sociales. D'ailleurs, la médiocrité est alors assurée...

---

2. Marc Bloch, *Apologie pour l'histoire ou Métier d'historien* [1949], Paris, Armand Colin, 1997.

HM : Envisagez-vous aujourd'hui la possibilité
d'embrasser d'autres causes dans l'espace public ? Ou,
tout simplement, de participer en tant que spécialiste
des phénomènes de violence à d'autres commissions
relatives à d'autres événements tragiques de notre
contemporain ?

SAR : Depuis peu, il se trouve que je suis membre
de la commission « Reconnaissance et réparation »,
présidée par Antoine Garapon, et instituée par
la Conférence des religieuses et religieuses en France
(Corref), dans la foulée de la commission Sauvé. Il
s'agit d'écouter les victimes des abus sexuels commis
au sein de l'Église (celles qui le souhaitent, tout au
moins), d'enregistrer et de consigner leur parole, et
d'organiser la médiation avec les instituts d'appartenance des perpétrateurs afin que soient initiées
les formes de réparation nécessaires. Mais il ne
s'agit pas d'intervenir sur la place publique, tout au
contraire : les règles de confidentialité sont très strictes.

Vous vous demandez peut-être pourquoi j'ai accepté
de participer à une mission de ce type, tellement difficile ? Parce que l'ampleur de la pédophilie dans l'Église
depuis les années 1950, tout comme la gravité des abus
sexuels commis à l'encontre de religieuses par leurs
directeurs spirituels, constitue une violence de masse
qui s'est déroulée dans notre société sans que nous en
ayons eu réellement conscience ; une violence de masse
qui a suscité son propre négationnisme (comme toute
violence de masse), et tout d'abord au sein de l'Église
au cours des décennies où elle a été perpétrée. À quoi
s'ajoute le fait que, comme au Rwanda, le catholicisme

romain ne me paraît pas avoir engagé une réflexion théologique de fond sur ce que les Églises ont fait, sur ce qu'il leur est en quelque sorte « arrivé ». Autant de bonnes raisons d'accepter cette mission lorsqu'Antoine Garapon, rencontré à Kigali en 2009, m'a demandé d'y participer…

HM : Il est une chose que vous semblez craindre plus que tout, c'est la tendance contemporaine à la victimisation de soi, comme d'ailleurs à celle des acteurs sociaux d'autrefois. En insistant sur le consentement des soldats lors du premier conflit mondial, il vous paraissait salutaire de rappeler à nos contemporains que nos aïeux n'étaient pas seulement des victimes, mais aussi des tueurs, motivés par un sentiment national exacerbé et animés d'une haine de l'ennemi souvent viscérale.

Pensez-vous qu'il est du rôle de l'historien de savoir se montrer intempestif, c'est-à-dire capable de prendre son propre temps à rebrousse-poil, de déconcerter, de déranger, voire de désarçonner ses contemporains ? Vous semblez à certains moments confier au chercheur la mission de savoir lutter contre la bonne conscience et les illusions tenaces de ses contemporains.

SAR : Vous le savez, je n'ai jamais détesté la provocation et, de manière générale, j'aime assez "penser *contre*" : contre les idées reçues tout particulièrement (et Dieu sait si elles sont nombreuses en sciences sociales…). Il se trouve que nos sociétés se montrent fort attachées à certains conforts intellectuels et politiques sur leur propre passé qui les arrangent beaucoup : l'image de soldats de la Grande Guerre en

« acteurs sociaux non motivés », simples victimes de
forces bien plus grandes qu'eux, est à cet égard caractéristique. Elle permet l'indignation à peu de frais, elle
ouvre la possibilité de méconnaître absolument ce que
le temps de la guerre et de sa violence *fait* aux contemporains, ce qu'il provoque, très profondément, en eux.
De même, l'image d'un surgissement de violences
interethniques incontrôlables au Rwanda en 1994, et
la fiction d'une action exemplaire de la France pour
tenter d'en limiter les effets, nous dédouane aisément
de toute responsabilité dans ce qui est, tout de même,
le dernier génocide du XXe siècle. Il n'y a rien que
je déteste davantage que ces formes d'inconscience.
En outre, elles font courir à nos sociétés de graves
dangers.

HM : Venons-en précisément à vos préférences
politiques. La « tradition » n'est pas pour vous
un vilain mot. Vous n'avez d'ailleurs jamais caché
être un conservateur, même si vous n'hésitez pas aussi
à faire part de vos doutes. Pourriez-vous nous éclairer
sur votre socialisation politique ? Quelle est la part ici
de l'héritage familial ? Celle de vos études ou, encore,
de votre service militaire ?

SAR : Mon héritage politique familial, ancré dans
le surréalisme « seconde époque », se situait naturellement à l'extrême gauche, sans militantisme aucun,
avec une connotation libertaire très anticommuniste.
En 1968, on était du côté de l'émeute ; avec mon
père, nous sommes allés aux obsèques du militant
Pierre Overney, tué par un vigile le 25 février 1972

à Billancourt. Lors de mes études à Sciences-Po, puis à Nanterre, lors des années 1970, mes sympathies allaient « naturellement » aux extrêmes gauches, trots-kistes plutôt que maoïstes, je dois le dire. Lors de mon service militaire, en 1977-1978, j'étais évidemment fort antimilitariste.

Tout cela était surtout le résultat d'un « air du temps »... Car en fait, en profondeur, je ne croyais pas à tout ce fatras idéologique. Je me souviens, à Nanterre, un jour de grève étudiante, m'être retrouvé avec à la main un pied de table en fer, dans l'attente d'une « descente des fascistes » (on ne sait pourquoi, le « fasciste » « descend » toujours...). Les « fascistes » ne sont jamais venus, mais j'eus le temps de me demander ce que je faisais là, avec à la main une arme potentiellement létale, et j'ai quitté très vite ce champ de bataille absurde.

Et puis, à la fin des années 1980, je suis passé de la gauche à la droite, et il me semble, rétrospective-ment, que ce fut l'effet du second septennat de François Mitterrand, que j'ai trouvé littéralement révoltant. Je ne suis jamais revenu dans l'autre sens, mais je pense avoir gardé bien des traces de mes (fragiles) convictions anté-rieures. Et aujourd'hui, *en profondeur*, je ne crois pas davantage aux idées conservatrices que je ne croyais vraiment, dans ma jeunesse, aux idées de gauche.

HM : Quels événements et quelles crises ont le plus durablement marqué votre trajectoire politique ?

SAR : Dans mon enfance – j'étais en classe de quatrième –, la crise de mai 1968 m'a fait découvrir ce que pouvait être l'exaltation inouïe de l'émeute ; le spectacle des rues du Quartier latin, après l'une des grandes batailles de rue du mois de mai – spectacle que mon père avait tenu à me montrer – m'a littéralement suffoqué. C'est bien plus tard que j'ai compris la dimension de jeu, de *mimésis* de bataille, que recelait l'épisode... À la fin des années 1980, l'effondrement de l'URSS et de l'Empire soviétique à sa suite ont constitué pour moi une période saisissante (dont évidemment, je n'ai pas vu les faux-semblants ; à l'époque, jamais je n'ai imaginé à quel point l'après-coup serait si décevant...) ; au cours de la première moitié des années 1990, le retour de la guerre en Europe, à travers l'effondrement de l'ex-Yougoslavie, accompagné par les violences que l'on sait, à Sarajevo tout particulièrement, a été pour moi un choc majeur qui a beaucoup contribué à nourrir mon pessimisme foncier.

HM : Régulièrement, vous vous plaisez à répéter à vos collègues et étudiants, surtout si vous les soupçonnez d'être très à gauche, votre attachement aux valeurs traditionnelles. Autrement dit, à la famille, à la religion, à l'armée. D'où vous vient ce goût de la provocation ?

SAR : La provocation fait partie de mon héritage familial, c'est bien évident. Dans les relations avec les étudiants, je crois utile de les sortir d'un trop grand « confort » idéologique (évident en milieu universitaire, où les idées de gauche sont absolument dominantes) ; la provocation est aussi, je crois, un moyen d'entrer en communication avec eux. C'est un moyen de proposer un duel à fleurets mouchetés, en somme. Je ne sache pas qu'aucun d'eux m'en ait jamais sérieusement tenu rigueur...

HM : À ce sujet, je me permettrais d'évoquer un souvenir qui date de 2004. Tous les acteurs d'une histoire culturelle encore en devenir étaient réunis cet été-là pour un colloque à Cerisy. Le jour de relâche, vous aviez emmené un groupe de six ou sept doctorants, dont j'étais, visiter un monument familial, pour le moins atypique d'ailleurs, le caveau letenneur, dans un cimetière situé non loin de là. À peine étions-nous entassés dans votre break familial, que vous avez lancé en substance à l'assemblée : « Alors, comment aurions-nous fait si je ne comptais pas parmi les précieux défenseurs de la famille nombreuse ? »

SAR : Je m'en souviens très bien ! C'était drôle, non ? Nul d'entre vous n'avait encore d'enfants, cela a dû me paraître une bonne idée de vous provoquer tous de cette manière. C'était aussi une façon de manier le deuxième degré en évitant l'excès de sérieux ; et finalement, en prenant mes distances en apparence, de mieux me rapprocher de vous tous, vous ne croyez pas ?

HM : Voilà qui n'est pas sans m'évoquer votre *leitmotiv* favori : « Je hais les jeunes ! » Et toute votre vie, finalement, d'être consacrée à eux, à leurs progrès comme à leurs espoirs. D'où vous vient selon vous ce souci de la jeunesse ?

SAR : Bon, si je m'amuse un peu trop souvent à lancer cette phrase, cher Hervé, c'est qu'elle me paraît avoir la valeur d'une provocation suprême. Cela est bien facile à comprendre : notre société est « jeuniste » jusqu'au ridicule (les efforts faits par les vieux pour avoir l'air jeune sont absolument inouïs...), tout en organisant pour ses jeunes une punition économique et sociale permanente, ce qu'une multitude d'experts ne cesse de souligner sans qu'aucun changement n'intervienne. Car Alfred Sauvy avait raison : une société de vieux travaille pour ses vieux, sans même en avoir conscience. Dès lors, dire : « Je hais les jeunes », c'est révéler une hostilité profonde, mais profondément cachée, de notre société à l'égard des plus jeunes de ses membres. Et l'exprimer sous cette forme provoque une stupeur assez bienvenue, ne trouvez-vous pas ? Cela étant dit, je crois qu'à titre personnel, il s'agit d'une parfaite antiphrase : car je me sens bien au milieu des jeunes – les jeunes chercheurs en particulier – sans les idéaliser, je crois (je me désespère, par exemple, de les voir reproduire bien trop vite une bonne partie des travers de leurs aînés...). Quand je ne travaillerai plus au milieu d'eux – et ce temps va venir très vite, désormais –, je prévois de connaître un moment de grand désarroi...

HM : Comment expliquez-vous que l'essentiel de vos étudiants et doctorants dont j'étais ne partagent pas votre positionnement politique, voire comptent parmi vos adversaires idéologiques, et n'en soient pas moins très attirés par le type d'histoire, très transgressive il est vrai, que vous menez ?

SAR : Bien, nous revenons à quelque chose de plus sérieux. Si tant est que cette réponse ait un sens, il me semble en effet que le type d'histoire que je tente de faire peut paraître plus proche d'une « sensibilité » de gauche que de droite. Pourquoi ? Parce que je ne m'intéresse qu'à l'histoire d'« en bas », aux acteurs sociaux les plus humbles, à leur manière d'agir et de penser, à leurs choix, à leur autonomie (au moins partielle), à leur corporéité, à leurs gestuelles, à leurs affects... Pour des raisons sans doute absurdes, ce type d'histoire semble plus proche de la « gauche », là où l'historiographie de « droite » reste davantage iden-tifiée par son tropisme des « grands », des États, de la « grande » politique, etc. C'est là, je pense, l'origine de ma complicité historiographique avec des docto-rants ou des chercheurs plus jeunes que moi, devenus bien souvent des amis, complicité qui reste à bonne distance des options politiques des uns et des autres... Inutile de vous dire que je suis très heureux d'être ainsi « toléré », pour dire le moins, par de jeunes cher-cheurs aux options très différentes des miennes. C'est une fierté personnelle, je n'hésite pas à le dire...

HM : Permettez-moi de revenir à présent sur votre parcours d'enseignant. Après l'obtention de l'agréga-tion d'histoire en 1980 et une fois votre thèse de troi-sième cycle soutenue dès 1984, vous avez été assistant (1984-1989), puis maître de conférences (1989-1990) à l'université Blaise-Pascal à Clermont-Ferrand. Vous entamez ensuite un long cycle de près de treize ans à l'université de Picardie, à Amiens, comme maître de conférences d'abord (1990-1995), puis comme professeur des universités (1995-2003) – ce qui avait pour avantage de vous tenir au plus près des champs de bataille de la Somme, mais aussi de l'Historial de Péronne.

Depuis le poste de directeur d'études que vous occupez à l'EHESS à présent et depuis 2004, quel regard portez-vous aujourd'hui sur ces années d'enseignant-chercheur dans ces universités de province, somme toute bien différentes de celle de la capitale, celles du Quartier latin notamment ? Précisons : sur la pratique du métier ? sur les relations des étudiants et des enseignants ? sur ce rythme de vie si spécifique, vous qui, comme tant d'autres universitaires, viviez constamment à l'époque entre deux villes, entre deux trains ?

SAR : Après les années initiales d'enseignement en collège, je me souviens d'avoir été merveilleusement heureux d'être élu assistant à l'université de Clermont-Ferrand. J'avais vingt-neuf ans, à peu près aucun CV en dehors de ma thèse tout juste terminée et un article dans la *Revue historique*, et j'avais l'air, comme me l'a dit une collègue qui m'accueillait, « scandaleusement jeune ». J'ai adoré la découverte de l'enseignement universitaire, sans en discerner tout d'abord les faux-semblants ; d'autant que le déficit en enseignants d'histoire contemporaine (Jean-Jacques Becker quitta Clermont pour Nanterre peu de temps après mon arrivée...) ne me laissa d'autre choix que d'assumer des enseignements fort au-dessus de mes capacités (mais de toute façon, « il ne faut pas trop travailler les cours », m'avait dit Jean-Jacques Becker pour me tranquilliser, lui qui travaillait beaucoup les siens...). Mais c'est dans ces conditions que l'on apprend vraiment le métier.

Ensuite, j'ai voulu aller à Amiens pour être présent dans la phase finale de mise sur pied de l'Historial de la Grande Guerre de Péronne, dans lequel j'étais investi à fond.

À Clermont comme à Amiens, et plus encore dans le second cas, pendant près de vingt ans, j'ai pu faire l'expérience d'auditoires étudiants souvent socialement et culturellement démunis devant l'enseignement universitaire, subissant ce fameux « taux d'échec » initial qui en constitue une des plaies les plus graves, ayant parfaitement intériorisé le plafond de verre qui, par exemple, cantonnait les meilleurs dans la préparation du Capes tout en les excluant de l'agrégation. Plus tard, lorsqu'il m'a été donné d'enseigner à Sciences-Po en master, j'ai été frappé par l'impression de ruche bourdonnante du hall de la rue Saint-Guillaume, fréquenté autrefois, comme étudiant. C'est là que j'ai pris conscience que dans les lieux de sociabilité de leur université, les étudiants de Clermont et plus encore d'Amiens restaient *silencieux*. Pour vous dire les choses, le souvenir de ce silence me pèse encore.

Et puis, progressivement, quelque chose s'est éteint de mon plaisir initial d'enseigner. Un chercheur doit progresser sans cesse, sinon il meurt. Et c'est son auditoire qui permet son progrès. Sans objections difficiles, sans mises en cause adossées à un livre, un article qu'il a omis de lire, sans la présence de collègues dont le travail *dérange* le sien propre, quelque chose meurt en lui. Aux abords de la cinquantaine, comme historien, je me sentais au bout du rouleau. C'est l'EHESS qui m'a sauvé.

HM : Qu'a changé finalement votre arrivée à l'EHESS ? Le métier y est tout autre, n'est-ce pas ?

SAR : Tout autre. Il y a tout d'abord la perspective même de l'École, qui est celle de la recherche, et rien d'autre. Il y a la forme du « séminaire », qui suppose d'être constamment en renouvellement de sa propre recherche et de savoir coproduire un savoir avec son auditoire, ce qui est tout différent d'un cours (si différent que, je dois avouer, les *cours* d'autrefois me manquent de temps en temps...). Il y a l'interdisciplinarité, qui constitue un défi permanent. Il y a le niveau scientifique des collègues dont l'exigence et même la sévérité vous forcent, il faut bien le dire, à vous tenir vous-même « à carreau ». Bref, une fois à l'EHESS, j'ai eu l'impression de commencer une seconde carrière et de faire de grands progrès, sans doute impossibles à effectuer en France dans un autre cadre. Il était temps.

Toutefois, à l'issue de quarante ans de métier, je ne voudrais pas donner l'impression d'une sorte de « satisfaction » professionnelle fort mal venue. J'éprouve en fait une forme de défiance profonde à l'égard de la profession. Sans doute me vient-elle pour partie de mon père, aux yeux de qui un universitaire était toujours un peu un « monsieur notes de bas de page », ainsi que l'avait lancé Aragon à Pierre Nora lors de son arrivée chez Gallimard, voire un pion sentencieux. Et il y a, c'est vrai, une forme de mesquinerie très particulière à ce métier, et d'autant plus inexcusable que ses acteurs sont souvent intellectuellement au-dessus du lot et qu'on y jouit d'une liberté et d'une indépendance difficiles à trouver ailleurs. Les jalousies, les haines, y recuisent longuement, les ressentiments y sont inextinguibles, comme dans ces guerres civiles où, tout combat terminé, on doit se résigner à vivre éternellement avec l'ennemi d'autrefois. Les *élections* des collègues cristallisent tous les défauts du métier, suscitant les pires manœuvres, les plus étonnantes bassesses. C'est ainsi.

HM : C'est peut-être pourquoi vous m'avez toujours semblé trouver refuge dans un investissement parti-culièrement marqué auprès de vos étudiants, comme au sein d'un cercle d'une douzaine de « jeunes » enseignants-chercheurs dont je suis et que vous suivez avec bienveillance par-delà les années et qui vous doivent tant et tant… Vous n'êtes d'ailleurs pas de ces directeurs de thèse qui dirigent de loin leurs doctorants et lisent d'un œil inattentif les travaux qu'on leur envoie. Crayon en main, vous ne laissez rien passer, quoique vous le fassiez toujours, du moins je crois, dans un esprit constructif. Vous n'avez pas votre pareil pour rebâtir un plan, redéfinir un sujet, ciseler les introductions et conclusions, tailler aussi dans les textes toujours trop longs à vos yeux de vos doctorants – même si, sur ce point, je crois vous avoir donné un peu de fil à retordre… Ces qualités sont d'ailleurs si connues que les doctorants d'autres direc-teurs, depuis longtemps déjà, viennent régulièrement chercher auprès de vous un directeur d'appoint ou

de substitution, désireux qu'ils sont de cette attention rigoureuse que, justement, ils ne reçoivent pas
toujours.

SAR : Il est vrai qu'à mes yeux, le meilleur du
métier se situe davantage « en bas » qu'« en haut »,
chez les jeunes chercheurs et chercheuses par conséquent – je ne les idéalise pas pour autant, comme
je vous l'ai dit... Il n'empêche que je considère
comme une chance rare, et une vraie richesse, de
m'être fait des amis de beaucoup de ceux et celles
que j'avais encadrés lors de leur thèse, voire parfois
un peu au-delà. Vous en faites partie, comme vous
le savez... Sans doute quelque chose de très profond
se joue-t-il dans l'« encadrement » (comme on dit...)
d'un travail de recherche, en termes de connaissance
réciproque en particulier. Alors, vous m'interrogez
sur la manière dont je lis les textes, crayon en main,
en corrigeant (en suggérant aussi) souvent jusqu'à
la moindre virgule... À dire vrai, je pense que c'est
cela, le *job*. Il ne sert absolument à rien, selon moi,
de dire à un doctorant de reprendre tel ou tel paragraphe, telle ou telle phrase : il faut être capable de
lui montrer une manière de faire mieux et d'écrire
plus clair, plus net, plus précis, le fond étant absolument inséparable de la forme. Je fais ainsi parce
qu'en réalité, je ne peux *entrer* dans un texte autrement. Et aussi parce que mon père a fait comme cela
avec moi et mes sœurs pendant mon enfance et ma
jeunesse, jusqu'à sa mort quand j'avais trente ans. J'ai
appris à écrire comme cela, et je vous prie de croire
que c'était parfois un apprentissage assez cinglant.

Ayant compris que c'était la meilleure méthode, je l'ai reproduite à l'identique, sans imagination aucune, avec ceux et celles qui m'ont fait confiance. Et je puis bien vous dire que tout le privilège est pour moi.

HM : Est-ce de votre père également que vous tenez ce goût du texte bref, sinon très bref, toujours incisif et frontal ? Vous semblez écrire au scalpel et craindre plus que tout le mot de trop. Je ne connais pas d'historien dont les introductions sont si courtes, si directes avec le lecteur : trois pages introductives, tout au plus, pour *L'Enfant de l'ennemi*, *Cinq deuils de guerres*, *Quelle histoire*... Pour un peu, on vous sentirait presque gêné des sept pages qui ouvrent *Combattre*.

SAR : « Vite » est l'adverbe qui dicte mon écriture. Et puisque vous évoquez à nouveau mon père : de lui je tiens que l'amélioration d'un texte passe non par l'enrichissement du contenu, par une explication plus longue, par une phrase, un mot, un adjectif supplémentaires, mais par la *suppression*. Cela vaut pour une ligne, un paragraphe, un chapitre, une introduction ou une conclusion, un article, et tout un livre s'il le faut... Peu de gens savent supprimer pour se faire mieux comprendre. Un jour, j'ai eu la surprise d'apprendre que Marguerite Yourcenar, relisant ses propres textes, notait en bas de chaque page le nombre de mots qu'elle était parvenue à supprimer. Mais puisque je sens que je vous inquiète un peu, je tiens à vous dire qu'il s'agit là d'une discipline que je ne revendique que pour moi-même, et que vous avez bien le droit d'écrire longuement comme vous savez le faire si bien...

HM : Parmi les disciplines que vous m'avez ensei-gnées et que je dois malgré tout continuer d'apprendre encore – ce qui ne m'empêche pas cependant de la relayer auprès de mes étudiants de master chaque année –, il y a celle-ci : « Les sources, c'est comme les citrons. Il faut les presser jusqu'à ce que les pépins craquent. » J'ai eu beau chercher, je n'ai jamais trouvé image plus parlante pour encourager les masterants à aller plus loin dans l'exploitation de leurs archives.

SAR : Savez-vous qu'il s'agit de la paraphrase d'une citation de Lloyd George à la Conférence de la paix de 1919, à propos de ce qu'il fallait exiger de l'Allemagne en termes de réparations (cela avant sa conversion à la politique prônée par Keynes) ? Ce que je veux dire en l'appliquant aux sources historiennes est que l'un de nos travers professionnels – en histoire contem-poraine surtout, où l'abondance des matériaux est souvent très grande – est de « traverser » les sources sans les lire ou sans les regarder, sans les lire *assez*, sans les regarder *vraiment*... C'est ce que m'ont fait comprendre certains littéraires, certains spécialistes de la psyché déjà évoqués, certains analystes du discours aussi. Et puis, j'ai eu la chance d'avoir affaire, pour certains sujets, à des sources rares, parcellaires, fragiles, décourageantes : c'est le cas avec tout ce qui gravite autour du deuil personnel en temps de guerre. Cette rareté des sources vous dresse à la plus grande atten-tion possible. C'est une habitude à conserver ensuite, quand l'enquête devient plus « facile », et surtout peut-être lorsqu'elle devient plus facile...

HM : Quelles sont finalement les formes d'enseignement qui ont votre préférence ? Vous paraissez avoir un goût marqué pour celle du séminaire de recherche. Pour sa taille, sa fréquence, son écoute et les échanges qu'il permet. N'êtes-vous pas nostalgique parfois, sinon des travaux dirigés, du moins des amphithéâtres et des cours magistraux que vous avez connus à Amiens ou à Sciences-Po ?

SAR : Vous me devinez trop finement, Hervé. Oui, si le séminaire de recherche constitue une modalité de travail et d'échanges intellectuels à nulle autre pareille, il n'empêche qu'il y a dans un cours d'amphi « réussi » (réussi de son point de vue personnel sans doute, car ce qu'en pense l'auditoire, on l'ignore absolument...) une forme d'exaltation particulière dont j'ai parfois la nostalgie, je vous le disais à l'instant. Mais, justement, il convient de se méfier de cette forme de dilatation de l'*ego* provoquée par sa propre parole longuement assénée à un public silencieux – une dilatation au fond assez suspecte, n'est-ce pas ? C'est le moment de se souvenir de la grande phrase de Roland Barthes lors de sa leçon inaugurale au Collège de France, en 1977, quitte à en détourner partiellement le sens : « La langue est tout simplement fasciste. »

HM : Maintenant que l'on en sait davantage sur votre enseignement et sur votre pratique de l'écriture,

comment vous définiriez-vous en tant que lecteur ?
Qu'aimez-vous lire avant tout ?

SAR : Contrairement à vous, je suis un très mauvais
lecteur. Et c'est un grand regret. J'ai la plus grande
admiration pour certains collègues qui ne laissent
passer aucun titre, aucun article, et très au-delà
de leur domaine de spécialité. Cette curiosité tous
azimuts m'impressionne. Hélas, je lis peu et j'aime
peu lire (je dois dire que la lecture forcée de milliers
de pages de thèse, d'HDR, de mémoires de master
année après année n'a sans doute rien arrangé...).
Je parle ici de la lecture en sciences sociales, mais
malheureusement, je suis aussi un très mauvais
lecteur de fictions. En revanche, je pense savoir lire
en profondeur ; je suis souvent durablement marqué
par mes lectures, qui m'accompagnent des années
durant.

HM : N'avez-vous jamais été tenté, dans une famille
comme la vôtre, par l'écriture littéraire ? Par
une carrière d'écrivain ?

SAR : Ah, la famille... Mon père écrivait admira-
blement tout en ayant renoncé, par orgueil, à toute
œuvre « littéraire ». J'ai pour sœur Fred Vargas, et
cela se passe de commentaire. Mon plus jeune fils
est déjà écrivain et, je le sens bien, ne renoncera pas
à l'écriture... Mais moi, je sais et je sens que toute
fiction m'est interdite. Lorsque la question s'est posée
à moi, alors que je commençais l'écriture de *Quelle
histoire*, la réponse n'a pas tardé : je suis resté collé

à un discours de vérité, aux sources, aux citations, à l'administration de la preuve, alors qu'un tout autre choix était possible (pourquoi tant de notes « inutiles », après tout ?). Mes tentatives littéraires ultérieures n'ont pas dépassé la dizaine de feuillets... Je reste trop fasciné par le réel pour être capable de m'en affranchir si peu que ce soit.

IX

FAMILLE(S)

HM : Il paraîtra sans doute étrange au lecteur de ne revenir vers votre enfance et votre famille (même si elle a été évoquée à plusieurs reprises) qu'en cette ultime section de notre livre...

C'est d'abord qu'il m'a semblé plus pertinent de commencer notre entretien en évoquant le moment où vous avez fait *le choix de l'histoire*. Mais c'est aussi qu'il m'a paru important de ne pas céder au piège d'un récit trop linéaire, trop cohérent, trop ordonné de votre vie. Comme si tout était déterminé depuis l'enfance. Comme si l'existence n'était pas ce « jardin aux sentiers qui bifurquent » dont parle Jorge Luis Borgès, ce chemin toujours incertain, tissé d'une multitude de possibles non advenus. Il faut ne pas céder à ce que Raymond Aron – un auteur que vous semblez affectionner de plus en plus – appelle « l'illusion rétrospective de fatalité ».

Même si, dans *Quelle histoire*, vous avez éclairé tout un pan de votre histoire familiale (en vous demandant ce que la Grande Guerre a fait *aux vôtres* au fil des générations), il n'en reste pas moins nécessaire d'élargir le champ de la caméra et de revenir, sur le mode de l'égo-histoire, à l'histoire qui vous a fait tel que vous êtes et qui est peut-être susceptible d'éclairer davantage encore l'histoire que vous écrivez.

Permettez-moi par conséquent de revenir vers les premiers âges de la vie : quel genre d'enfant étiez-vous ? où et dans quelle atmosphère avez-vous grandi ?

SAR : Ah, l'enfance, c'est évidemment un socle ineffaçable, pour chacun d'entre nous... Eh bien, j'ai eu une enfance aimante, dans un milieu très privilégié à tous points de vue, et tout d'abord sous l'angle intellectuel, artistique, culturel... Quel *cadeau* initial, n'est-ce pas ? Mais je n'ai pu en profiter que tardivement car, autant que je m'en souvienne, je n'étais pas un enfant très heureux. Timide, et même craintif, peu habile avec son corps, souvent désœuvré et traversant de longs moments d'ennui presque suffocants, un enfant sans doute assez pédant, enfin. Bien des amis de mes parents m'ont avoué, plus tard, à quel point j'avais été pour eux un enfant assez désagréable... Mes deux sœurs jumelles, de deux ans plus jeunes que moi, se suffisaient un peu à elles-mêmes, et je me sentais donc assez isolé. Lors de l'adolescence, dont j'ai gardé un mauvais souvenir, puis lors de mes vingt ans, je crois avoir lutté pied à pied pour me sortir d'un sentiment de fragilité et de mélancolie dont je sentais qu'il pourrait devenir paralysant. Je pense n'avoir jamais cessé depuis. Cette tristesse de l'enfance, dénuée de toute cause extérieure je le répète, constitue un noyau encore présent en moi. Sans doute a-t-elle insufflé la tristesse profonde qui émane de *Quelle histoire*.

HM : À quoi aimiez-vous, enfant, occuper vos journées ? Vos jeux trahissaient-ils déjà quelque intérêt pour les gens de guerre ou les choses de la guerre ?

SAR : À ma grande confusion, il faut avouer que oui ! Je jouais interminablement aux « petits soldats », organisant des batailles dont je prétendais ne pas connaître l'issue ! Les maquettes des bâtiments de ligne des XVIIe et XVIIIe siècles m'occupaient beaucoup également. Cela comblait efficacement un certain vide des heures... Curieusement, malgré son antimilitarisme et son pacifisme, mon père laissait faire. En revanche, je n'avais droit à aucun jouet guerrier type arme à feu. En cas d'entrée d'un pistolet factice à la maison, ce dernier était immédiatement confisqué.

HM : À vous lire, l'on comprend bien en effet que vous avez grandi dans un bain culturel et familial qui vous prédisposait à une certaine ouverture aux lettres, à l'art, à la culture. Bref, aux choses de l'esprit. Quel regard portez-vous aujourd'hui sur le milieu social et culturel de votre enfance ? Comment le définiriez-vous ?

SAR : Ce bain culturel familial était d'autant plus « nourrissant » qu'il se voulait en rupture avec la culture « classique » dispensée par le lycée. Je n'ai pas tardé à remarquer que la plupart des livres de mon père n'étaient pas au programme des classes de lettres de l'enseignement secondaire. Celui-ci pestait d'ailleurs un peu contre le grand cas qui y était fait des auteurs reconnus – les philosophes des Lumières par exemple – pour me proposer plutôt la lecture de petits maîtres qu'il jugeait plus intéressants. De même pour le XIXᵉ siècle : Joris-Karl Huysmans plutôt que Zola, par exemple. En terminale, où à mon époque les cours de français étaient optionnels, j'ai suggéré l'étude en classe de Lautréamont : je pense que l'enseignant l'a découvert à cette occasion... J'ai fait de même avec Gombrowicz... À côté de cela, il me semble que je ne lisais pas tant que cela, pour un enfant, puis un adolescent issu d'un milieu comme le mien. Mais l'imprégnation était diffuse : à tout moment, mon père pouvait se saisir d'un livre, trouver immédiatement l'extrait qu'il cherchait – prose ou poésie – et en imposer la lecture à voix haute. Une lecture très sobre, retenue, privée à dessein de tout effet.

Voilà pour la lecture. Il y avait aussi la peinture et les arts premiers. À l'enfant que j'étais, mon père *savait* faire visiter un musée, une exposition, ou telle galerie d'objets océaniens dont il était client... En revanche, la fermeture de mon milieu familial à la musique était à peu près totale : à la musique « classique » tout d'abord. Pas de chaîne stéréo à la maison, pas plus que de télévision. Le chant grégorien, le jazz Nouvelle-Orléans et la chanson populaire du XIXᵉ siècle (chansons de soldats, de marins, de révolution, que mon père chantait *a cappella* avec ses amis et ses enfants...) : voilà les seuls genres de musique qui tiraient leur épingle du jeu.

HM : Plus tard, n'avez-vous jamais été tenté d'apprendre un instrument, par compensation ? Et aujourd'hui, la musique a-t-elle trouvé une place dans votre quotidien ?

SAR : Hélas, ce que l'oreille n'a pas appris tôt à aimer, elle a le plus grand mal ensuite à le rattraper. L'absence de vraie culture musicale, de capacité à jouer d'un instrument et à chanter est un des grands regrets de ma vie : je me sens jaloux comme un tigre face au moindre musicien, au moindre chanteur amateur en train d'esquisser quelques notes...

HM : Et votre mère, cher Stéphane ? Vous avez été relativement peu disert à son sujet tout au long de ces pages. Quel genre de femme était-elle ? Et quelle est, d'après vous, la marque la plus durable qu'elle a laissée sur votre vie ?

SAR : Ma mère était une scientifique de formation, issue d'un milieu très pauvre intellectuellement, très conformiste aussi. Inutile de dire qu'elle laissait à son mari un *imperium* indiscuté sur les choses de l'esprit. Pour autant, sa présence discrète était de grande importance : je dirais qu'elle était une femme à principes qui n'imposait jamais ses principes aux autres. Ce qui constitue, vous en conviendrez, une qualité rare. Sa tolérance, sa capacité d'écoute, sa générosité personnelle aussi, ont fait d'elle, jusqu'à sa mort en 2012, une femme assez entourée – entourée de gens plus jeunes qu'elle en particulier et bien plus « intellectuels » qu'elle. Elle en était d'ailleurs fort

surprise elle-même... De ma mère, j'ai sans doute
hérité une forme de moralisme dont je ne suis pas
sûr qu'il ne soit pas un peu étriqué, mais c'est ainsi.
La certitude également – et cela est peut-être plus
profond – d'une rétribution négative des actes de
chacun, exigeant donc une forme d'auto-surveillance
assez stricte : « Les conneries, ça se paie », avait-elle
l'habitude de dire. Je le crois aussi, finalement...

HM : Vous ne cachez pas votre attachement au
catholicisme – même si votre inquiétude est grande
à l'égard de l'Église en tant qu'institution. Quelle
place occupait la religion dans votre famille et votre
éducation ?

SAR : Ma mère avait abandonné très tôt une éducation catholique de pure forme. Et mon père, en bon
surréaliste, était violemment anticlérical et antire-
ligieux, jusqu'à la colère parfois. Cela dit, il avait
connu à l'adolescence une crise mystique profonde,
et sa connaissance du catholicisme était impression-
nante : connaissance des textes, connaissance de l'art
chrétien, surtout médiéval (je me souviens d'une visite
de la Sainte-Chapelle en sa compagnie, inoubliable...).
Et donc, absence totale et revendiquée de toute éducation chrétienne (encore que notre père avait concédé
le baptême de ses enfants à sa propre famille, et s'en
voulait amèrement), mais d'un autre côté, il m'a fait
lire tout le Huysmans de la conversion, *En route*,
L'oblat, etc. : des livres qui ont constitué un véritable
choc pour moi – comme pour beaucoup de lecteurs

de son temps ! Ce choc ne s'est jamais dissipé. Il me tient encore.

HM : Mais alors, quand la croyance est-elle venue ? Et de quelle teneur est-elle ?

SAR : Vous connaissez la boutade ? Seuls les non-croyants croient que les croyants croient. Et seuls les croyants croient que les non-croyants ne croient pas...

Je ne voudrais pas esquiver trop longtemps, mais la réponse à votre question m'est difficile, parce que chez moi, le religieux, la croyance, ce n'est pas seulement l'intime, c'est le plus secret de l'intime, y compris à mes propres yeux.

C'est lorsque j'ai eu moi-même des enfants que je me suis rapproché de la « croyance » – vous voyez, je mets des guillemets... J'ai été très heureux que mes trois fils appartiennent à la maîtrise de Notre-Dame lorsque Mgr Lustiger a décidé de recréer un chœur d'enfants à la cathédrale. C'est la prodigieuse beauté du chant, je crois, qui a tout fait chez moi.

À présent, que dire de cette croyance ? Je ne saurais réciter le *Credo* sans avoir l'impression de mentir. Mais il y a des jours, des situations, des instants brefs mais intenses où je crois profondément. Alors je peux prier quel que soit le moment.

HM : Votre attachement aux chœurs d'église et au chant religieux s'accompagne-t-il de quelque intérêt pour la liturgie elle-même ? Car, à vous lire, on a l'impression que votre sentiment religieux est si intime que vous vous passeriez volontiers, dans votre rapport à la croyance, de la médiation de l'Église.

SAR : Comme d'habitude, vous me devinez très bien. Je pense que l'Église catholique est mourante en France, et largement par sa faute. Sa médiocrité m'est d'ailleurs intolérable. La plupart du temps, les offices religieux érodent ma croyance au lieu de l'entretenir ou de la renforcer... Cette déception permanente s'est transformée récemment en colère froide avec les révélations de la Ciase (le rapport Sauvé) sur les abus sexuels dans l'Église, et la relative incapacité de celle-ci à se saisir du problème au fond.

HM : Avec Stéphane, votre épouse, devenue à travers le mariage votre homonyme (ce qui n'est pas banal, vous en conviendrez !), avez-vous eu le sentiment d'avoir élevé vos trois fils d'une façon finalement très différente de l'éducation que vous aviez vous-mêmes reçue avec vos sœurs ?

SAR : De mon enfance, sans doute ai-je reproduit l'attention aux choses de l'esprit, de la littérature, de l'art, en conservant la touche de non-conformisme que mes sœurs et moi avions reçue en héritage. Avec Stéphane, nous avons toutefois tenté de combler le déficit musical si sensible dans nos milieux familiaux respectifs. Pour ma part, j'ai accordé aussi beaucoup d'importance à la formation du corps (les arts martiaux, là encore...), et Stéphane, à l'ouverture au monde qu'elle tenait de son père diplomate.

HM : Jusqu'à quel point le fait de devenir père vous a-t-il transformé ?

SAR : Vous le savez aussi bien que moi : il n'y a pas d'expérience plus fondamentale. Il me semble que la paternité a contrebattu la maladie de l'égocentrisme et du narcissisme dont le métier universitaire vous infecte presque inévitablement. Elle m'a donné aussi un amour de l'enfance qui a d'ailleurs orienté précocement mon travail historien et que la venue des petits-enfants, au cours de ces dernières années, a encore accru.

HM : Êtes-vous devenu à cette occasion un enseignant différent ? Et peut-être même un chercheur différent ?

SAR : La paternité m'a rendu de plus en plus indulgent, je crois, face aux immenses difficultés qu'éprouvent souvent les étudiants dans leur parcours de formation en sciences sociales. Par ailleurs, aucun de mes fils n'ayant excellé au niveau des plus grandes écoles (même s'ils ont fait, comme on dit, de « bonnes études »), j'ai été ainsi protégé des tentations de la « reproduction » universitaire, qui constituent une autre plaie du métier. En fait, je suis très heureux qu'aucun ne soit devenu historien...

HM : J'en reviens à votre enfance à vous. Dans toutes configurations possibles d'une fratrie, être le frère aîné de deux sœurs jumelles me paraît, de l'extérieur, une expérience très à part. Non seulement enfant (vous

l'évoquiez à l'instant), mais sur la durée d'une vie.
Sans compter que vos deux sœurs, Frédérique et Joëlle,
romancière et peintre reconnues, évoluent aujourd'hui
sous un « nom de scène » commun. D'où une question
que j'aimerais vous poser, et qui est peut-être un peu
plus qu'une boutade : « Qui serait Stéphane Vargas ? »

SAR : Eh bien, cher Hervé, la réponse est simple :
il ne peut y avoir de Stéphane Vargas. Pourquoi ?
Pour cette simple raison que je ne dispose d'aucune
capacité créatrice, contrairement à ma sœur romancière (Fred Vargas) et à ma sœur peintre (Jo Vargas).
En ce qui me concerne, affranchi du réel de l'histoire,
du réel du social, je ne peux rien imaginer, ni du côté
de l'écriture, ni du côté de l'art. Et donc, pas de nom
de plume, pas de nom d'artiste. Aucun pseudonyme
pour me dissimuler un peu.

OUVRAGES PUBLIÉS
PAR STÉPHANE AUDOIN-ROUZEAU

- *1914-1918. Les combattants des tranchées*, Paris, A. Colin, 1986. (Traduction anglaise : *Men at war, 1914-1918,* Berg Publ., 1992).

- *1870. La France dans la guerre*, Paris, Armand Colin, 1989.

- *La Guerre des enfants (1914-1918)*, Paris, Armand Colin, 1993.

- *Combattre*, CRDP Amiens, 1995.

- *L'Enfant de l'ennemi*, Paris, Aubier, 1995.

- Avec Annette Becker, *La Grande Guerre, 1914-1918*, Paris, Découverte-Gallimard, 1998.

- *Cinq deuils de guerre (1914-1918),* Paris, Noêsis, 2001. (Rééd. Tallandier, 2013).

- Avec A. Becker, *14-18, Retrouver la guerre*, Paris, Gallimard, Bibliothèque des histoires, 2000. (Traduction anglaise : *1914-1918. Understanding the Great War*, Londres, Profile, 2002. Traduction italienne : *La violenza, la crociata, il lutto, La Grade Guerra e la storia del Novecento*, Turin, Einaudi, 2002. Traduction roumaine : *Razbouil redescoperit, 1914-1918*, Bucarest, Corint, 2014).

- Avec Annette Becker et Leonard V. Smith, *France and the Great War, 1914-1918,* Cambridge University Press, 2003.

- *La Guerre au XXe siècle. L'expérience combattante*, Documentation photographique, 2004.

- *Combattre. Une anthropologie historique de la guerre moderne (XIXe-XXIe siècles)*, Paris, Seuil, 2008.

- *Les Armes et la Chair. Trois objets de mort en 14-18*, Paris, Armand Colin, 2009.

- *Quelle Histoire. Un récit de filiation, 1914-2014*, Paris, Hautes Études, Gallimard, Seuil, 2013. (Nouvelle édition en 2015, avec un supplément inédit : *Quelle histoire. Un récit de filiation, 1914-2014. Suivi de : Du côté des femmes,* Paris, Seuil, 2015). (Traduction en roumain : *Razbouil unei Famili, 1914-2014*, Bucarest, Corint, 2014).

- *Une initiation. Rwanda, 1994-2016*, Paris, Seuil, 2017.

- *C'est la guerre. Petits sujets sur la violence du fait guerrier (XIXe-XXIe siècle)*, Paris, Le Félin, 2020.

Direction de volumes collectifs

- « La Très Grande Guerre », *Le Monde*, juillet-août 1994.

- Avec Annette Becker, Christian Ingrao, Henry Rousso, *La Violence de guerre, 1914-1945*, Actes du colloque IHTP et Centre de Recherches de l'Historial de la Grande Guerre (Paris, 1999), Bruxelles, Complexe, 2002.

- Avec Jean-Jacques Becker, *Encyclopédie de la Grande Guerre, 1914-1918*, Paris, Bayard, 2004.

- « Enfances en guerre », *Vingtième siècle. Revue d'histoire*, n° 89, janvier-mars 2006.

- Avec Christophe Prochasson, *Sortir de la Grande Guerre. Le monde et l'après-1918*, Paris, Tallandier, 2008.

- Avec Esteban Buch, Myriam Chimènes, Georgie Durosoir, *La Grande Guerre des musiciens*, Paris, Symétrie, 2009.

- Avec Antoine Garapon : « France-Rwanda, et maintenant ? », *Esprit*, mai 2010.

- Avec Hélène Dumas, « Le génocide des Tutsi rwandais vingt ans après », Dossier, *Vingtième siècle, Revue d'histoire*, n° 122, avril-juin 2014.

- Avec Emmanuel Saint-Fuscien, « La guerre transmise », Dossier, *Sensibilités. Histoire, critique et sciences sociales*, n° 10, 2021.

- Avec Annette Becker, Hélène Dumas, Samuel Kuhn, François Robinet, « Le génocide des Tutsi rwandais (avril-juillet 1994) et son après-coup », *Historiens et Géographes*, n° 457, février 2022.

TABLE DES MATIÈRES

Composition et mise en pages
Nord Compo, Villeneuve-d'Ascq

Ce volume,
publié aux Éditions Les Belles Lettres,
a été achevé d'imprimer
en décembre 2022
sur les presses de
La Manufacture Imprimeur
52200 Langres, France

N° d'édition : 10416
N° d'impression : 221871
Dépôt légal : février 2023